紫微攻略——

午後命相館

從命盤找到最好的那條路

大耕老師 著

目錄

目錄

前言

每個人的人生都不完美，但都值得更好

「午後開張，黃昏打烊」，這是我一開始開業時為我的命相館設定的營業時間。如同人們總是在人生開場之時，對自己充滿許多希望，只要一點點陽光就感受到人生的燦爛，但是在過了大半時光後，磨難紛沓而至，才頓覺陽光真的只有一點點，不再是那麼的耀眼燦爛。尤其許多人離開父母的保護傘以後，往往會發現現實並非如鋪裝路面般平整，而是充滿路障跟斷層。人生道路的不順遂，令人筋疲力盡，我們開始希望找出下半場的力量，做好下半場的選擇。這時候我們會很需要一位了解自己並且給予建議的嚮導，一位可以理性客觀給予意見的好友，讓我們找到更適合的人生道路。

至於人生已近黃昏的人，夕陽之下無論是什麼樣的風景，其實都會顯現餘暉的美好，無論過去在人生路途上有多大的困難，此刻更多的應該是好好回味之前的過程，享受眼前的餘韻，任何的算計往往不再重要。所以這是一間只算三十歲以後、六十五歲以前的客人的命相館，開館時間在午時以後，申時結束以前。

對我來說，命理學是讓我在人生下半場重啟人生的重大機會，也是一個重要的知識，多年來我一直希望將這樣的好知識傳遞給更多的人，所以努力的寫書，用心的拍影片，建立各種學習方法與幫助學習的教學系統。然而，我也在入行之後，發現原來這是一個打著幫助人的口號，卻往往讓更多人受到傷害的行業。這個行業的老師，如同百年前的醫生，因為沒有完整的訓練體系跟學習考核制度，所以只能依靠老師教學時的嚴謹以及個人的自律，來要求教學品質，只是名利當頭的時候往往容易讓人失去許多堅持。

當年的我，幾近流落街頭，我曾有機會選擇憑藉著命理技術當神棍，靠詐欺來謀生，但是嚴格的命理訓練過程，讓我很難忘記留在內心的正向邏輯思辯能力，這樣的能力如同一記記警鐘敲打著我的內心——我應該把持命理師該有的底限，不僅鑽研學問，更要保護行業的價值。

運氣很好的我，隨著一個個案例給予的回饋，一聲聲對於老師為他找到人生出路的感謝，讓我發現原來世界上有比名利更能帶來滿足感的事情，所以才能在教學分享工作上堅持下去，讓更多人學會這項助己助人的知識。同時，隨著一本本的著作得到市場的青睞，我發現，實際的諮詢論命不只是算得準不準而已，更重要的是，對於個案所面臨的問題，命理師可以給予他理性的分析推測以及心靈的支持力量，這些事情絕不是哪個宮位有什麼星曜代表什麼、哪個忌出現在哪裡所以會如何這樣照本宣科的事情——每一位個案都不是一張冷冰冰的命盤。

所謂的同盤不同命，正是因為生命本身是活的、有溫度的。

我們不妨把同樣的命盤想成一張相同的地圖，我們可以在地圖上找到一條曲線長度環境都相同的道路，但是真實世界中這兩條道路，卻會因為經緯度不同、所處的國家社會文化不同，而有不同的風景與路況。當生命是真實的、有溫度與變化的存在時，同盤當然就不會同命。或許在命理技術上有數十種方式可以解析他們之間的差異，但是了解每個個案的背景故事，才更能夠理解每張命盤所代表的涵義，以及每張命盤所需要的到底是什麼。甚至有時候命理師根本不該對個案說出真相，寧願讓他罵我算得不準，也應該顧及個案往後面對真實人生景況的心情。

命盤背後的真實人生才是重要的。這是我在午後命相館中所學到的重要觀念。個案面對無常人生的無力感、不知所措的心情、可能引發的舉措，更是值得命理師思考並給予幫助的事情，這比算命技術準不準更重要，因此，在紫微攻略系列書籍之後，我決定寫下從業以來遇到的各種讓人無法忘懷的人生況味，分享我實際諮詢論命時的解盤手法，對學習者來說，這是一本誠意十足的解盤學習攻略本，有意挑戰更高解盤技術的同學們，一定能有所收穫。

對於有興趣探索命運的讀者來說，你可以在每個故事看到生命原來這麼有趣，體會到原來人生有這麼多的無奈，也領略到命運不是二分法的好與壞，而是應該有更多的選擇。

這些前來午後命相館的客人，都是我的菩薩，是他們讓我中年轉身的人生更加璀燦。

01
從上億身價的業務員到一無所有

誤解命盤格局而耽誤人生

開業以來，最常被問到的命理問題，「格局」一定是在前三名之內。這兩個字幾乎不只是命理學在使用，也進入了日常生活之中，舉凡「你命中有大格局」、「這個男人對你不大方花錢小氣，格局不夠」……等等，我們都時有所聞。也因為如此，讓許多人用命理學角度看待「格局」二字時，往往將自己帶入錯誤的判斷之中。接下來說一個跟格局有關係的經典案例。

★ **學習點**

1. 命理學談的格局是什麼
2. 促成好格局的條件
3. 暗合宮的影響力
4. 應和命盤跡象的智慧

當時我剛搬到後山埤捷運站旁的鐵皮屋，命理教學事業開始有了起色，雖然還無法清還我的債務，但總算是三餐安穩了，也逐漸有人介紹學生來上課。有天下午，有個年約五十多歲的女客人，蹬著厚底高跟鞋，用很快的速度爬上命相館這五十年老建築的窄小樓梯，一到教室門口，不讓我有說話的機會劈頭就問：「你是大耕老師嗎？」

「我是，您是哪一位呢？」

「我是某某某介紹來的，我想跟您學紫微斗數，她說今天有開課。不過你可以先幫我算一下嗎?」

當年為了招生，我是上課送算命，出來江湖走跳總是需要先露兩手。我問她:「好呀，妳有帶命盤來嗎?」

「有有有!」她立刻從提袋中拿出一張紅紙，上面看似是一張用毛筆手寫的命盤，這是常算命的人才拿得出來的配備吧。

「老師，你幫我看一下，我這個不是火貪格嗎?怎麼我這十年大限很倒楣啊?而且我的本命是七殺俯斗格耶!有一個幫我算命二十年的老師，我一直很相信他，他說我這個大限會賺大錢，實際上卻完全沒有，還把三間房子都賠光，到底為何我會這麼慘啊?」

我思忖一下告訴她:「嗯……，我唯一可以想到的原因，就是幫妳算命的老師看錯了而已，應該不會有其他原因了。」

命理師常會遇到這樣的問題，總是有命主拿別的老師的論點來問原因，說實在的，我怎麼會知道呢?就如同愛情一樣，分手的原因就是不愛了，所有算命出問題的原因，其實也就是那個老師算錯了，而且機率還不低，畢竟現在有許多人都是看兩本紫微斗數的書就出來當命理師，加上一些江湖話術，你就會覺得他很厲害。

雖然我不知道她那個追隨二十年的老師為何算錯，但是從這個命主對於命理的看法來看，人生實際事件的發生，卻只拿所謂「格局」來討論，就可以知道人們對於命理學的「格局」，存在很大的幻想和謬誤。

由於當時我每周有上萬字的部落格文章要寫，還要研究古文，因此長時間一天只睡兩個小時，面對她連珠炮似的問題，頭腦昏沉的我只能先聽著她說那位知名老師怎麼分析她的命盤（圖一）。

圖一／命主的命盤

巨門 子女 巳	廉貞 天相 鈴星 忌 夫妻 午	天梁 陀羅 天鉞 文昌 文曲 兄弟 未	七殺 祿存 命宮 申
貪狼 火星 財帛 辰			天同 擎羊 科 父母 酉
太陰 疾厄 卯			武曲 權 福德 戌
紫微 天府 遷移 寅	天機 天魁 右弼 左輔 僕役 丑	破軍 官祿 子	太陽 祿 田宅 亥

「老師，你看我本命是七殺俯斗格，這應該是一個做生意格局很大的人，對吧？（圖二）而且我的大限剛好進入貪狼對宮武曲，這不是武貪格嗎？我的貪狼還有加火星，這是火貪格啊（圖三）！本命是做生意的格局，這十年又是武貪格和火貪格，我這十年應該非常好才對啊，我的老師之前是這樣跟我說的。」

「結果呢？妳跑去創業了對嗎？然後就賠了一大堆錢吧？」我問她。

「對啊，聽了老師說我會大發之後，我覺得這是放手一搏的時機呀！我原本在賣房子做房仲業務，做得相當不錯，賺了不少錢，但是不管怎麼說都是幫老闆賺錢，有機會我當然想自己當老闆啊！剛好當時有人找我一塊創業，說要開資產管理公司，做度假中心，還讓我當總經理，我就賣掉我兩間房子投資那家公司，並且接任總經理，誰知道後來公司經營不善，我為了公司資金不夠，把自己原本做業務賺來的房子都賣了，但是公司還是垮了，現在只好回去繼續當房仲，但是賣房子好累……，老師幫我看看是為什麼，我不是有很多好格局嗎？為什麼還是會賠錢，我還有東山再起的機會嗎？其實我也跟那個老師學了一段時間，但是我怎麼看都覺得我那時候的運勢很不錯啊？」她的語氣中透露出滿滿的懊悔與不解。

我們就暫且稱這位客人 Amy 吧。Amy 當年不但房仲事業做得意氣風發，人脈也

圖二／七殺俯斗格

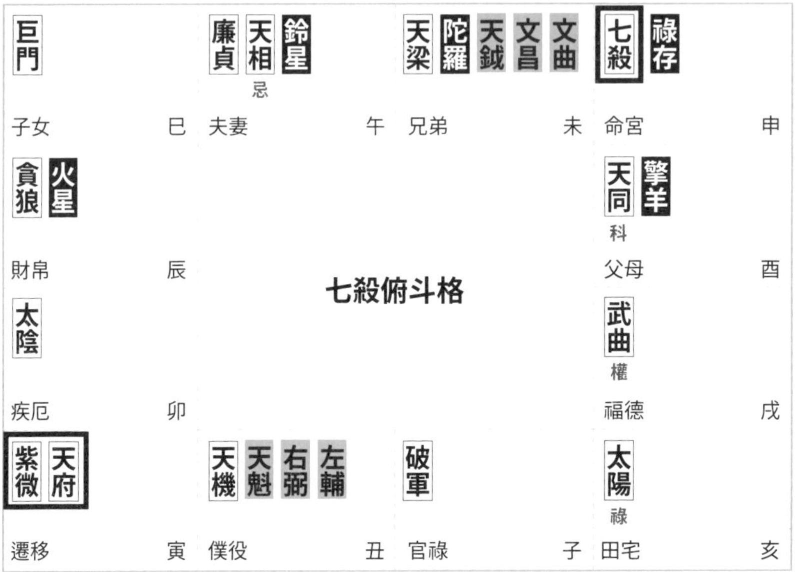

圖三／大限命宮貪狼、火星

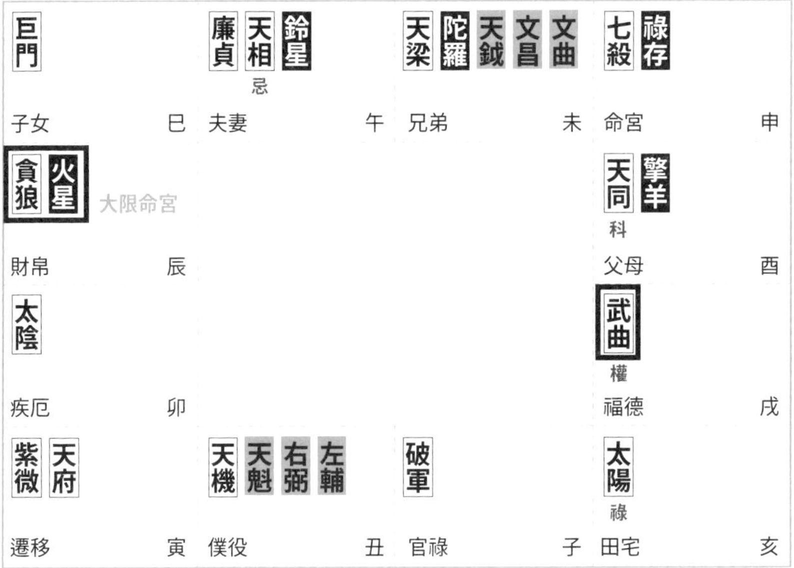

越來越廣闊。在一個聚會的場合，朋友介紹她認識一位大人物王董，一個偶爾和女明星傳緋聞的男人，聚會上所有的人都圍著他，讓他看起來更加的光芒四射。能認識這樣的人物，Amy 倍感榮幸。

她聽說，王董正在處理一塊家族的土地，但是因為家族裡還有些老人不同意，所以他想另外籌組一間公司，用外人的身分去跟家族的長輩談，但是缺適合的總經理人選。他希望這個總經理是女性，不但要幹練，有點交際手腕，還要可以跟老人家相處，一方面是跟老人家好商量土地的事情，一方面是渡假村要做的是高級的銀髮族退休市場，需要懂有錢老人的需求，這樣的人才不好找。

朋友介紹 Amy 給王董時，自然是誇嘴了一番豐功偉業，說她是賣房子的能手，而且幾乎都是土財主老客人。王董很快打量了 Amy 一下，並且跟她聊了起來。那一晚，王董是聚會場合的鎂光燈所在，Amy 當然也就一併成為鎂光燈的焦點，這對於紫微星在遷移宮的她相當的受用，加上酒精的催化，她赫然感受到自己已經站上事業的高峰。

商場如戰場，一切事不宜遲，很快的公司就成立了。Amy 很感謝王董給自己 20% 入股的機會，雖然這需要她先賣掉自己手上的一間房子，但是用一間房子就能換取進入上流社會的門票、登上事業高峰，太值得了！

不過，身為頂級房仲，要她放棄原本經營多時、有聲有色的工作，還是不免猶豫不安，便去問了她當時的老師。她帶了高山水梨去看望老師，順便跟老師說這個好消息以及她內心的擔心。老師果然厲害，一看到她馬上就問她是否最近有喜事。當Amy簡單跟老師說了一下事情經過之後，老師告訴她：「妳現在正在一個很好的格局，這沒問題，趕快把握。」

有了老師的一句話，Amy快速的處理房子籌出資金，成立公司，並且很快的見到了王董的長輩，果然Amy就是長輩的菜，王董搞不定的長輩，Amy三兩句話就取得信賴，不到一個月就簽下開發案的協議書，開始建設。建設由王董旗下的建設公司處理，並且簽署的是三方合約，以王董家族的土地向銀行貸款來蓋渡假村，由Amy的資產管理公司來承租跟營運，並且承諾每年有包底的租金，也就是說無論生意好壞，王董家族都要拿出一定金額的租金，生意如果更好就要按照一定的比例去收取分潤，銀行的建設借款部分另外需要Amy的資產管理公司，以公司的資本額作為擔保，到目前為止一切都是合乎常規的條件，等於是把大家都綁在一起。

Amy只賣出一間房子取得兩千萬資金，就拿到一個渡假村的經營權，一口氣就躍升為度假村的董事總經理，算是以小博大飛上枝頭變鳳凰，半年內從房仲業務員變成甲方，成為周遊在各種達官貴人應酬圈的資深美女，車子也用管理公司的名義從二手賓士換成了敞篷保時捷。Amy 覺得一切都跟作夢一樣，老師果然很厲害，聽老師的話就對了。

這一切是發生在她換大限的最後一年，隔年渡假村蓋了一半，管理公司開始發展業務，準備組建業務團隊。招攬早鳥會員創造金流收入的時候，Amy 的命盤換了大限，也就是那位老師說格局很好的大運（見 P.18 圖三）。

開春沒有多久的某天上午，王董約 Amy 碰面。原來這塊土地有些問題，某些部分無法通過法規，由於當初規劃的銀行貸款需要依照工程進度去核貸，這時候工程卡住了無法進行，銀行的錢進不來。不過好消息是，法規部分可以利用王董的政治關係解決，只是需要一點時間，所以王董建議直接用 Amy 的管理公司借錢給王董的家族，讓建設公司得以繼續動工。

Amy 聽起來覺得沒有什麼問題，何況她現在是女企業家了，怎麼可以這樣小氣，怎麼可以懷疑王董，便二話不說爽快的答應。這時候王董又給出一個好建議，現金應該留著，用公司的名義借錢給王董家族就好了，如此可以順便借更多錢出來，讓公司有更多現金可以利用，這只要用王董家族的土地作擔保就可以搬出更多錢，拿銀行的錢出來用，風險都是銀行的。Amy 覺得王董實在聰明，難怪身邊可以有那麼多女人，到哪裡人家都佩服他。在 Amy 簽字同意之後，果然銀行馬上核貸了一筆很大的金額進來借給王董的家族，這時候 Amy 還晉升為債權人了，人生從來沒有過的高光時刻啊。

到了年底，土地的合法性一直下不來，甚至附近的居民跟環保團體還來抗議。渡假村則是蓋得差不多了，但是公司資金卻降低到了讓人擔心的水位，Amy 越來越不安，這時候當然一定要去找老師（不是我）。

老師再度給予她滿滿的鼓勵，也告訴她做大事的人就是要有比一般人更大的勇氣，讓她不要擔心，有這麼好的格局，她沒問題的。Amy 彷彿吃下定心丸，放心的規劃業務團隊。她告訴自己，反正發生再大的事情，有王董在，他會處理，自己只要依靠著大樹就好了，到目前為止不都是如此嗎？

其實當然不是如此。新的一年要來了，過年後渡假村大約要完工了，建設公司希望可以收到後續的款項才好收尾完工，但是公司已經沒錢，這下子 Amy 開始擔心了，不過王董事業繁忙最近都找不到人，身為董事總經理的 Amy 當然要扛起責任。原本期待先靠早鳥會員的會費來支應的部分，也因為渡假村還沒完工，所以會員招募並不順利，而建設公司雖然是王董的，但是他也有其他股東，不能讓他難做，所以 Amy 決定要自己扛起來，毅然決然賣了原本準備養老的房子先救急一下，否則面對建設公司、招募進來的員工，還有公司各種開銷，難道要在這時候放棄嗎？

事情往往都是當局者迷旁觀者清，很多時候我們無法理解為何做生意會賠很多錢，不是生意不好收起來就好了嗎？為何當老闆的總是可以把自己身家都賭下去，其實絕大多數都跟愛情一樣，就是一種不甘心不放手的心情，已經努力了這麼久，而且看起來也還有機會，當然要拚一下，很多人不都是這樣拚出成果的嗎？可惜的是，所謂的「很多人」其實是少數人，大多數創業失敗的人，你是不會認識他的，而這些成功的人很多時候是好運剛好在他快倒下的那一刻出現了。

可惜好運沒有站在 Amy 這邊，更別說王董很可能一開始就不是她的貴人——Amy 才是王董的貴人。隨著王董越來越忙，越來越難找到人，Amy 再笨也該知道有問題了。她再度去問老師，老師的答案是 Amy 心不夠安靜，要多念經讓自己平靜，才知道怎麼度過難關，並且建議 Amy 可以從老師那裡請個菩薩回去，幫 Amy 開智慧解決難題。但是之前說的好格局呢？老師說好格局都會有磨難，就要看自己是不是有智慧能夠成就好格局了。Amy 花了二十萬請了菩薩回家，還包了十萬元紅包給老師，感謝老師不離不棄的幫助自己。她再度告訴自己要相信老師、相信自己的判斷，她就是有好格局的人，畢竟近這兩年來周圍的人也是這樣跟她說的啊。

其實我聽到這故事的起頭就大概知道後續的走向了。王董一直找不到的「人才」，就是像 Amy 這樣有能力有資歷還有點年紀，甚至還有能為那個職位加分的姿色，更重要的是，Amy 有企圖心，而且以為自己可以很不一樣，卻不了解真正的商場陷阱。

故事的發展可想而知，Amy 找不到王董人了，開始由王董的助理出面處理事情，而整個公司的帳本、股東名冊等重要資料，都因為當時王董說 Amy 只要負責搞定老人家跟對外的公關業務就好，不用煩惱其他複雜的事情，因此 Amy 從來不曾看過這些資料，甚至還在許多文件上簽下自己的名字。即使每況愈下，內心不安的她卻對著二十萬元的菩薩祈求讓自己更有智慧的度過難關，她一直在假裝世界美好，用一場場的應酬跟一次次的姊妹淘聚會，在眾人的羨慕眼光中麻痺自己不用去想太多。

直到有一天早上，一群黑衣人拿著許多文件到公司，不是找真正的老闆王董，而是指名找她，她才不得不面對公司的問題。原來這間公司早就負債累累。表面的光采都是浮華幻夢，隨著黑衣人一腳踹開公司大門，一切都幻滅了。敗絮般的真相終於顯露，王董的家族確實有一塊地，但是因為卡到法規問題，所以賣也賣不掉，也無法建設，而這幾年家族的財產早就被王董花天酒地花得差不多了，那的確是救命的錢，但是要怎麼救呢？一個簡單的方法就是從銀行搬錢，但是需要有好的名目。因此，在外組成一間看起來不錯的公司，然後由這間公司出面跟銀行談，銀行或許不想借錢給一塊沒用的地，但是可以借錢給一個看起來不錯的投資項目，尤其這個項目的投資方看起來有不錯的資本額，所以設計了用土地借款建設但是由管理公司做擔保。一般土地如果無法合法建設該有的項目，銀行還是會借錢，只是能借出來的錢不多，但是如果有人要在上面經營，而且聲勢浩大還有個看起來令人信賴的總經理，銀行可以加給這間公司的資本額下去計算，尤其如果是認識的銀行。

王董就這樣完成了算計的第一步，但是即便如此，錢還是要還的，所以需要有個替死鬼，故事看到這裡，想必大家都知道這個替死鬼就是 Amy。雖然她不是董事長，但她是總經理，每筆借款她都因為董事總經理的身分被要求做保，所以在王董利用公司把土地價值抬高借出錢之後，這筆錢後續由建設公司透過施工再拿回去。同時間王董繼續跟其他民間借款借錢，利用這些建設地上物，並且一樣用 Amy 留給公司的印章蓋印作保；非但如此，王董開始利用 Amy 優異的公關業務能力，私下賣股，招募股東脫手自己手上的股份，等到黑衣人上門，王董早就只剩下百分之一不到的股份，Amy 反而是持股最多的個人股東，王董則以身體不適為由辭職，公司進入債務處理，依照股份分配負債。

雖然依法 Amy 也不用真的還多少錢，但是身陷一陣子的黑白兩道糾纏、法律纏訟是免不了的，兩間辛辛苦苦的房子也都沒有了。至於王董呢？王董還在微信上說了一番話鼓勵 Amy，說她還年輕，以她的能力東山再起沒有問題。那麼那位老師呢？老師也說了一樣的話，Amy 加油。那菩薩呢？菩薩永遠是垂目拈花微笑，彷彿告訴 Amy 財去人安樂，反正人生在世到頭來總是一場空，別太在意。

但是 Amy 在意，於是就出現在我的教室了。

聽完 Amy 的故事之後，我很無奈的跟她說：「唉，妳的命盤很明顯的跟人合夥會有官非，而且會遇到騙錢的！還有，妳以為格局是武俠小說的招數嗎？一招降龍十八掌的見龍在田，加上反身的亢龍有悔，就可以讓妳打敗對手成為武林盟主嗎？格局不是這樣看的啦，妳沒有去問妳的老師怎麼會這樣嗎？」

這是我們常看到的情況，許多人見到各種格局的名稱，好像看到了什麼密招一樣，有了這個大絕招，一招打出就可以盪平四方。

尤其書上說的可以中年富貴或富賈四方或榮歸故里等等格局，讓人產生各種想像。但這就如同看武俠小說，文字的描述引發著我們對主角的幻想，連帶著把我們自己植入腳色之中，彷彿是自己身處笑傲江湖，可惜這就是一種幻想，降龍十八掌只存在於小說。所謂的格局如果只是那幾個看來很簡潔有力的文字，其實也只是提供了讓我們幻想的空間，與現實情況非常遙遠。

但是，這對於初學命理或是剛接觸命理的人來說相當吸引人，極富文字魔力，所以我們可以發現許多人學習命理時很喜歡背誦格局，甚至許多老師（例如已經開業二十多年的知名命理師）也會這樣錯誤使用格局，卻忘記了格局原本被設計出來的涵義，因此做出錯誤的判斷。直至今日，我仍一直遇到類似的案例，幾乎都是聽從某某老師說自己有某某好格局，所以做出錯誤的判斷而影響前途。

當然，格局既然有好，就有壞的，也有人因為聽到自己的命盤是某某惡格，從此放縱自我，萎靡不振，甚至自驗「老師說得真準，我果然很倒楣，我果然很糟。」類似的情況，不僅出現在傳統命理，在西方占星學我們也可以聽到這樣的說法，「我就會被雙魚座的男人吸引啊，所以我都遇到渣男！」如何？有沒有很像呢？我們可以把雙魚座換成任何一個星座，反正就是要找個理由來否認是自己眼光有問題，所以才都挑到渣男，這類「以偏概全」的問題可以是星座、生肖、姓氏、格局，總之各式各樣，但就是不能承認是自己有問題。

於是我開始解釋了所謂的格局含意，先打破她的舊有的錯誤觀念，再開始解釋她的命盤。

「所謂的格局，其實只是將人分類成各種類型，例如這個人高挑、那個人肥胖，大概是這樣的分類。我們當然也可以說肥胖的人容易糖尿病，但是不見得真的會發生，就算發生了也不一定會死掉；或者說，有一類人邏輯好反應快，我可以說這樣的人容易在學業上取得成績，但是如果他在求學過程中只把這個特質用在玩樂，沒有用在學校課業，那麼他也可能成績很差，這就是所謂格局的基本概念。像是打麻將一樣，一手抓起來就是滿手的筒子，這讓我們有信心可以往清一色去發展，或者一手拿來就是一堆爛牌，可能也會讓我盤想著乾脆放棄或如何安全下莊比較重要。可是現實的牌局中，清一色不只是拿到滿手相同花色的牌而已，還得在每一輪的抽牌過程中都拿到一樣的花色，並且還要湊成需要的排列才有可能完成清一色；同樣的，如果滿手爛牌，但是每一次抽牌都換到自己需要的牌，也可能幾輪過後整個牌組換成了一組好牌，讓自己有胡牌的機會。反而是一開始就拿好牌的人，因為一開始就有很高的期待，所以會往大牌發展，只要不是自己要的花色就丟出去，相對來說也就容易喪失機會。所以格局的產生，從基本的組成條件到完成命理書上說的那些豐功偉業，中間其實需要許多的條件跟過程。」

她的眼神蒙上了失望說：「所以老師覺得其實我沒有好格局嗎？我的盤是不是其實很差？那個老師說我很棒耶。後來我有問他，他說會發生這些壞事是我的業障太多了，否則不該如此，可能要做法事來消除業障，但是我實在沒錢了。我前世業障很重嗎？」

「當然不是，妳有想過這其實就是算錯了而已嗎？並不是什麼業障重。如果真的有業障問題，我想可能是妳前輩子踢破那個老師家裡的骨灰罐吧。妳都沒錢了，他還叫妳請菩薩回家還要做法事。（我知道確實很多老師會如此，畢竟人在那種時候是最好被騙錢的。）我不覺得妳是沒有好格局，只是所謂的好格局要促成好現象發生，還需要更多條件。而且只是目前妳生命中所發生的事不符合妳對於格局的期待值而已，這並不表示妳的盤很差。妳只是沒有找到對的方式。」

（這是另外一常見的問題，一味的認為命盤不是好就是壞，沒有去思考到其實是自己沒有找到適合的方式與價值。）

我繼續跟她說：「格局只是一種基本分類，在這些分類中，除了星曜的組合還需要其他的條件，每個星曜有其喜歡以及需要具備的條件，所以要組成一個好的格局，星曜就需要具備這些好的條件。例如天府被認為是財庫星，但是條件是天府要跟祿存星放在一起，如果天府沒有跟祿存星放在一起，就不能算財庫星。所以雖然妳認為七殺俯斗格是大商人的格局，但這必須取決於七殺對面的紫微天府，也就是說，紫微天府需要跟祿存星放在一起（圖四），否則只是七殺對人生目標的堅持，但是缺乏天府的運籌帷幄跟財務規劃（庫星特質）來幫助旁邊的紫微皇帝展現領導能力，那麼這就無法構成七殺俯斗格，頂多只能說妳是個對自己很有自信跟自我期待的人。更重要的是，這是本命盤的組成結構，本命盤只會代表個性特質，還需要運限盤來看看有沒有機會展現這樣的特質。」

圖四／紫微天府與祿存同宮

巨門 子女 巳	廉貞 天相 夫妻 午	天梁 兄弟 未	七殺 命宮 申
貪狼 財帛 辰			天同 父母 酉
太陰 疾厄 卯			武曲 福德 戌
紫微 天府 祿存 遷移 寅	天機 僕役 丑	破軍 官祿 子	太陽 田宅 亥

圖五／大限擁有火貪格、武貪格

巨門 子女 巳	廉貞 天相(忌) 鈴星 夫妻 午	天梁 陀羅 天鉞 文昌 文曲 兄弟 未	七殺 祿存 命宮 申
貪狼 火星 大限命宮 財帛 辰			天同(科) 擎羊 父母 酉
太陰 疾厄 卯			武曲(權) 福德 戌
紫微 天府 遷移 寅	天機 天魁 右弼 左輔 僕役 丑	破軍 官祿 子	太陽(祿) 田宅 亥

她急著說：「老師我知道需要運限盤啊，我這個十年運限不就也是很好的武貪格跟火貪格嗎？（P.31 圖五）」

「好，沒錯，妳有注意到運限了，在這個十年運限內妳確實也具備格局，但是如同本命盤的七殺俯斗格一樣，妳的火貪格沒具足該有的條件。不過我要先說明一件事情，武貪格應該是武貪同宮（圖六），不是武貪對拱（圖七），所以嚴格來說，妳的命盤不是武貪格，而是百工之人需要用專業技術來發展事業。」我一股腦的指出她對火貪格和武貪格的誤解。

看著她的眼神越來越失望，深怕她最後不報名上課了，想了一想，我還是得溫和一點啊！畢竟我當時才剛脫離買便當是否加滷蛋的貧窮選擇地獄，我需要多賺點錢來提升我的蛋白質攝取量，所以我馬上補一句：「不過火貪格是有的，BUT……」

大家都知道問題往往在那個 BUT，這時候她接話了：「是不是貪狼沒有拿到他要的東西呢？跟天府星一樣。」

「沒錯沒錯，妳很聰明。」我馬上鼓勵她。

圖六／武曲貪狼同宮

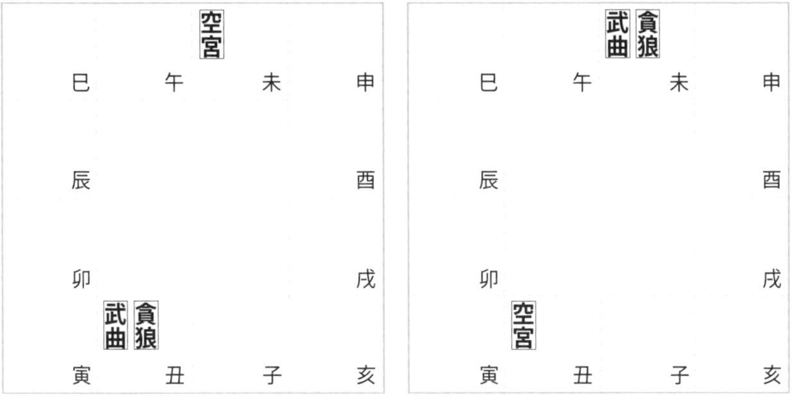

圖七／武曲、貪狼對拱

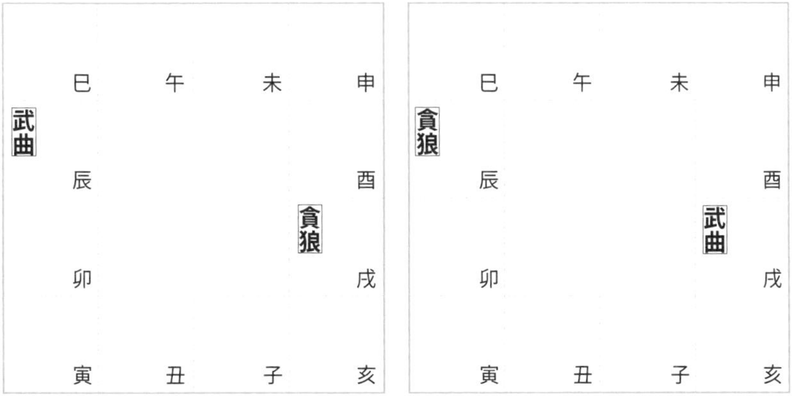

火貪格為「速發」，很快速賺到錢的意思，所以需要具備的條件是「多出本來不屬於你的東西」，這在紫微斗數中就是「化祿」的意思。紫微斗數中的化祿是因為某個星曜（例如太陰化祿或天同化祿）的特質而得到本來不屬於你而多出來的事物。在運限盤中則會這樣解釋：例如流年夫妻宮太陰化祿，流年夫妻宮說的是因為外界環境的影響造成這個年的感情狀態，太陰在夫妻宮內可以被視為是桃花星，因為你對人的細心體貼、會照顧別人（太陰星）而產生的桃花，太陰星化祿在流年夫妻宮，就表示了你這個流年因為外在環境的影響，讓你有照顧身邊異性的機會，因此產生了桃花的特質，這樣的特質讓你有多出來的緣分（化祿，本來不屬於你但是現在多出來的）。這個多出來的是因為太陰星產生，所以我們可以知道是為何會有多出來的緣分，原因在哪裡。

「火貪格是火星加上貪狼，主要的涵意是說一個人在這個時間點內會迅速發財，這裡要注意的是迅速發財，所以這個現象根本不會出現在本命盤，因為本命盤只談個性特質，迅速發財這四個字說明了：一有時間性（迅速），二有現象的產生（發財），所以只會出現在運限盤。但是妳的運限盤是有這個組合的，所以其實應該是有機會的，唯一的差異是，既然是發財，那麼要具備的就是本來不是你的而多出來的東西，所以貪狼要化祿，因為這個特質讓妳有多東西出來，雖然這不是在運限的財帛宮，而是命宮，所以不能直接當成錢財，但是在命宮等於妳有豐富的生命，因此是錢財的機率很大，總之要有化祿才能形成正式的格局，不然至少也要有化權，這才會有創業掌權的機會，妳化祿化權兩個都沒有，所以不能算是完整的火貪格。不過因為是十年大運，所以可能利用流年產生的化祿化權給貪狼星，或許也有機會，所以在那十年妳應該是風風光光的，只是賺不到錢，甚至是賠錢了。」我剖析完火貪格需要的條件，也順道推判了她當時的狀態。

「沒錯，老師，其實一開始很風光，你想想我從一個業務變成一個公司的總經理跟股東，還管理一個大型度假村，真的很風光啊，所以我才會一直投注資金進去，而且我當時的命理老師也鼓勵我，他說有煞星的格局就是要大膽，我才賣掉房子換資金，但是卻一路的賠錢，這都是因為我的火貪格沒有拿到化祿化權嗎？」她說。

「是啊，現在妳知道所謂的格局還需要很多條件了。妳的貪狼以及對面的武曲，因為在一個對拱的宮位上彼此影響，所以武曲化祿化權或許勉強可以提供格局需要的條件（圖八），但是妳都沒有，所以只能靠流年，但是流年的力量只有一年的時間，對於一整個十年來說幫助不夠大，才會造成妳看起來風光，其實沒有真正賺到錢。而且即使妳有化祿跟化權，依照妳跟我說的情況可能同樣無法賺到錢，頂多只是不會賠錢或者不會賠那麼多，因為還有幾個條件妳和妳的老師都沒注意到。」

圖八／貪狼化祿、化權，或武曲化祿、化權

巨門 子女 巳	廉貞 天相 夫妻 午	天梁 兄弟 未	七殺 命宮 申
貪狼 祿 權 火星 大限命宮 財帛 辰			天同 父母 酉
太陰 疾厄 卯			武曲 祿 權 福德 戌
紫微 天府 遷移 寅	天機 僕役 丑	破軍 官祿 子	太陽 田宅 亥

「天啊，老師，還有什麼條件，怎麼一個人要賺錢這麼難啊！」

「拜託，人要賺錢要大富大貴本來就很難啊，不然滿街都是有錢人了。」我直白的跟她說，但一想到我的晚餐能否加滷蛋，我還是努力讓自己看起來友善一點吧，畢竟當時剛搬到後山埤教室，我最愛的就是旁邊那家便當店的滷蛋了。我再度換上專業又和善的態度。

「實際上妳那個運限做的事情並不符合格局的情況，因為除了需要具備足夠的格局條件，也要真實人生中有符合格局設定情況的狀態。就像妳在一個適合考試的時間點去做生意，可能就失去了透過考試取得高學歷的機會，或者說妳在適合自己創業賺錢的時間點跟人合夥，如果妳是因為自己的眼光見解而創業成功，跟人合夥可能必須妥協於其他人的意見，這樣一來反而失去原本可以成功的因素，當然也就無法成功了。格局也是如此，我們需要知道每個格局形成的原因，才能夠判斷出自己為何能夠成功，是否有把好格局放在對的時間點跟方向上面做最大的發揮。」我慢慢的解釋給她聽，我感覺她快要付錢了，我這個月終於不用擔心房租了。

「所以老師覺得我不該創業嗎？」她疑惑問道。

「不不不，妳可以創業。問題在於妳並不是創業耶！還有，妳該做的是業務性質以及專業技術輸出的工作，但是妳的度假村工作不是啊。」

「為何我不是創業，我有投資也是股東，而且我是總經理耶，整個公司都是我在管理。」她顯然對我說的不太服氣，為了我這個月的房租我得再多說一些了。

「這是許多人常出現的盲點。」我繼續說道：「命盤上出現的跡象，我們需要去做和命盤跡象相對應的事情才會有相對應的成果。反面的說法就是，如果我們做跟命盤上不同的事情，逆著命盤來進行，從某個角度來說我們也可以避開災難，這是命理學上改運的基本法則之一。所以雖然有好的格局，但是如果沒有做該做的事情就無法把效果發揮出來。妳覺得妳是創業，但是其實妳並非是真正的老闆，就公司的層面來說其實妳沒有真正的決策權，所以這並不能算是創業，創業必須是自己真正的掌握實權，當然有可能你持有股份不大但是公司必須要聽你的，例如台灣的台積電張忠謀，或者是某些台灣的金融家族老闆，可能持股才百分之二但是公司卻必須聽從於他，這種情況才能被視為是真正的老闆。這是我上課常說到的，命盤是看實質影響力，但是總經理卻不是，至少妳應該不是，對吧？所以這不合妳那個運限的命格，更別說，你們公司的賺錢方式應該有些違反法律，走在灰色地帶吧。」我又開了一個新視窗談新議題了。

她很驚訝的說：「啊，確實是如此，老闆其實私下用那間公司吸金募資，我也跟著經手這樣的業務內容，這要怎麼看出來呢？」

「首先，妳的運限是武曲貪狼對拱，這是百工之人的格局，是要用專業技術來創造事業的，但是妳缺乏了該有的化祿跟化權，所以其實創業就不見得是一個適合妳的選項，妳繼續當業務用專業知識來賺取利潤，反而是比較好的選擇。如果真的要創業，如同我前面提到的，或許妳可以用流年產生的化權化祿，無論是因為貪狼產生的還是武曲產生的都還算可以，用貪狼（自己的博學與人際關係）或者是武曲（認真而務實的努力）讓自己產生權力或者是機會與利潤，這都很不錯。不過重點是必須是自己獨掌大權經營公司，因為武曲貪狼這樣務實的態度本來就不適合跟人合夥以外，在運限中代表了合夥關係的田宅宮，也出現了天梁跟文昌文曲還有陀羅星（圖九），這表示合夥人雖然是貴人，但是其中夾雜了很多的感情（文曲）跟官非（文昌）糾紛（陀羅），更不用說天機天梁在對宮本來就是一種不安穩跟變動的情況，所以不但妳自己的個性不適合，妳的股東其實也不單純，看起來是貴人，事實上卻藏了很多心思在裡面（文昌文曲同宮），這樣的合作可想而知是要出問題的。（圖十）」我先解釋了命盤上所隱藏的股東的問題。

圖九／運限田宅宮代表合夥關係

巨門 子女 巳	廉貞 天相（忌） 鈴星 夫妻 午	天梁 陀羅 天鉞 文昌 文曲 大限田宅宮 兄弟 未	七殺 祿存 命宮 申
貪狼 火星 大限命宮 財帛 辰			天同（科） 擎羊 父母 酉
太陰 疾厄 卯			武曲（權） 福德 戌
紫微 天府 遷移 寅	天機 天魁 右弼 左輔 僕役 丑	破軍 官祿 子	太陽（祿） 田宅 亥

圖十／天機、天梁對拱

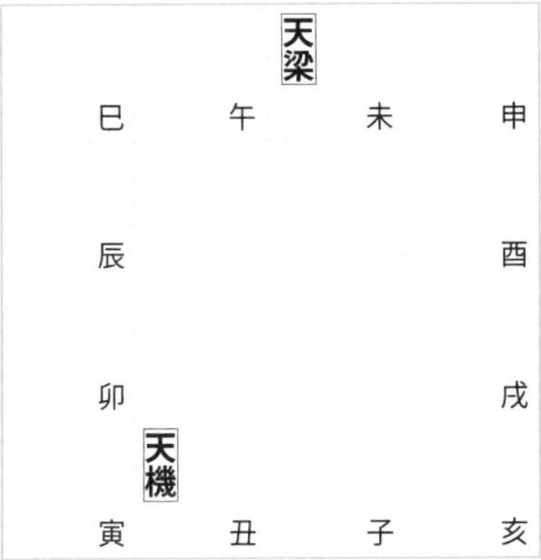
天梁
巳
午
未
申
辰
酉
卯
戌
天機
寅
丑
子
亥

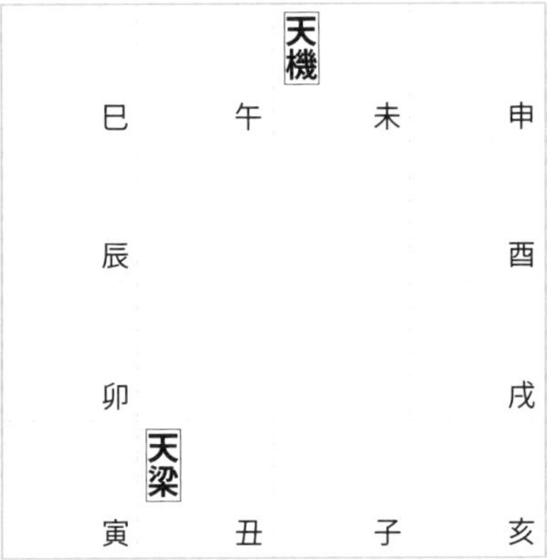
天機
巳
午
未
申
辰
酉
卯
戌
天梁
寅
丑
子
亥

「但是老師你怎麼知道我們可能有涉及非法的生意呢?」她還是很訝異。

「妳的大限命宮天干庚,造成天相化忌剛好在妳大限的福德宮(圖十一),福德宮是賺錢的方式,而天相化忌具有約定了卻不照規矩走的含意,天相星原本化氣為印,說明核心本質(化氣)是一種承諾跟確認(印,蓋章的意思,引申為確認跟承諾),但是卻天相化忌了。什麼意思呢?我們剛剛說過化祿是因為這個星曜產生的多出來的東西,化忌也是。因為自己原本的承諾造成一個空缺(化忌為空缺),為何我的承諾跟規範反而讓我有空缺?這當然就是說我們設定的規則被破壞了,這個空缺產生在代表我賺錢方法的福德宮,這表示我的賺錢方法其實是有空缺的、有問題的,怎樣的問題呢?因為我原本答應或者說我制定的規則,就是有問題的,因為這樣而造成我的賺錢方式有問題,所以我認為你們應該是有做違法或者說是灰色地帶的事情,而且是用一般人或一般市場沒有使用的方式(因為天相對宮的破軍,有破壞跟變化才有方法),更別說還有個鈴星,這個方式是經過精密的計算產生的,所以我猜應該是利用度假中心來吸金。」話語剛落,我再點出一件命盤的跡象:「更重要的是,妳和妳的老師沒有考慮到暗合宮的問題。(圖十二)」

圖十一／大限命宮宮干造成福德宮天相化忌

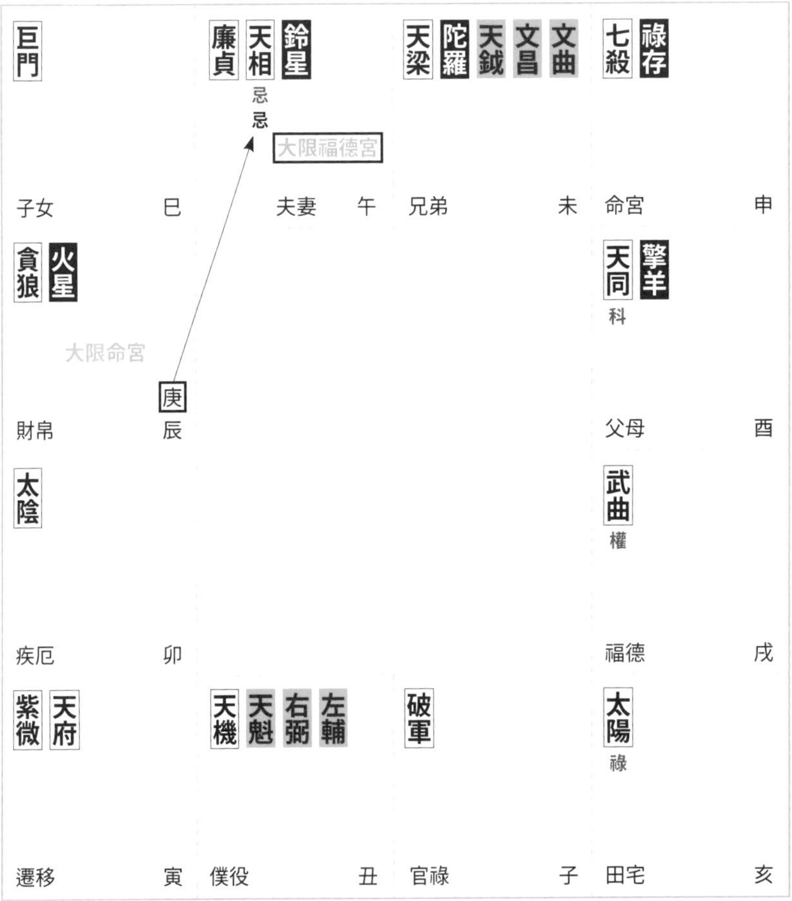

圖十二／宮位與宮位的暗合

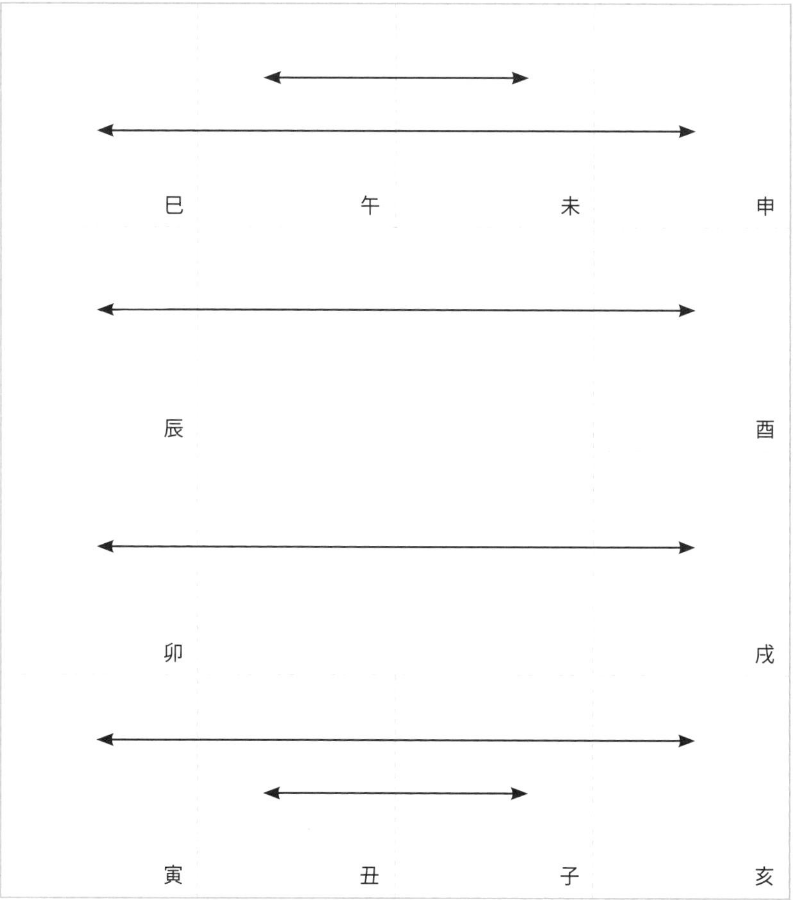

「暗合宮？那是什麼？」她茫然的問。

「這樣是暗合宮。」我在命盤上比了一下，把暗合宮的宮位劃出來給她看，並告訴她，這幾個宮位都會彼此影響，而且影響的力道跟三方四正一樣，可以直接影響主要宮位。

「懂暗合宮的人很少，但它非常重要。」我告訴她。

此時的她已經忘記那個痛苦的過去和對前一個老師的忿忿不平，只想了解更多的紫微斗數知識。可想而知她過去二十年學到的東西有多麼皮毛，這時候我當然要趁機好好的教育一下，雖然說買便當有滷蛋可以加很重要，但是讓更多人知道正確的命理知識更重要。

我告訴她：「妳的運限命盤上，田宅宮剛好疊到本命的兄弟宮，這表示原本找妳合作的人（運限田宅宮）是透過人家介紹而來，而且是滿親近的朋友（兄弟宮），但是這個宮位卻暗合了妳的福德宮（賺錢的方法），表示其實一方面妳的合夥人其實一直都有問題，另一方面員工也不好相處，甚至有不正當的男女關係（文昌文曲還有陀羅）會影響到妳的賺錢方式，而妳的賺錢方式跟盤算（福德宮）也影響了妳的合作關係（田宅宮），這樣的合作怎麼會順利呢？」

「天啊，竟然還需要這樣看！確實公司內部各股東尤其是大老闆跟許多人關係曖昧，有各種人事安插讓我不知道該怎麼辦……」她驚訝到下巴快掉下來。

我繼續說：「既然發現本命的兄弟宮受到運限盤的影響，我們也可以來看看，運限中的兄弟宮僕役宮到底狀況如何（圖十三）。妳看，其實運限的僕役宮（裡面是天同擎羊）正暗合大限命宮貪狼跟火星，沒錯就是這樣了，一個暗合破壞掉整個火貪格，這時候即使有流年的四化補進來，意義都不大了。妳在合作期間是不是常受到公司同事的問題影響？例如想偷懶不做事（天同加上擎羊），這樣的態度暗合給妳的命宮，表示妳的部屬正在擺爛不想做事，這會私下影響妳的發展機會。也就是說，暗合給妳的命宮之後，妳的火貪格破局了。」

圖十三／大限命宮暗合大限僕役宮

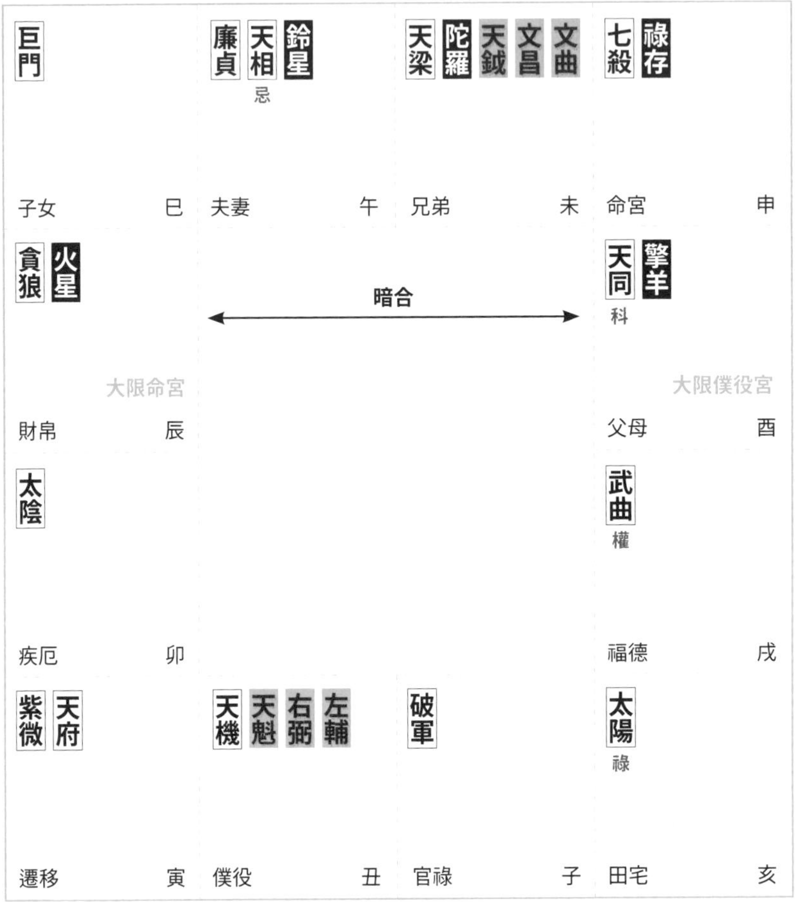

在所有格局中，只要一個格局在三方四正或暗合遇到煞星（圖十四），都算破格，也就是不再有那個格局的條件，她的命盤就是如此（圖十五）。

圖十四／格局的三方四正或暗合遇煞星，即不成格局

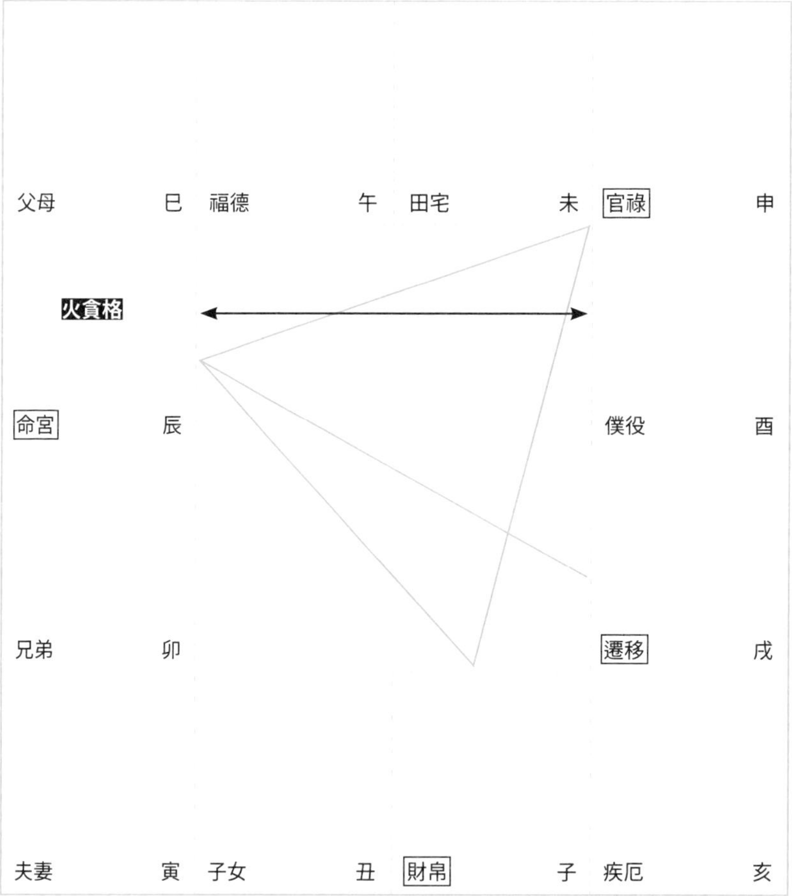

圖十五／貪狼火星同宮，貪狼無化祿、化權且暗合擎羊

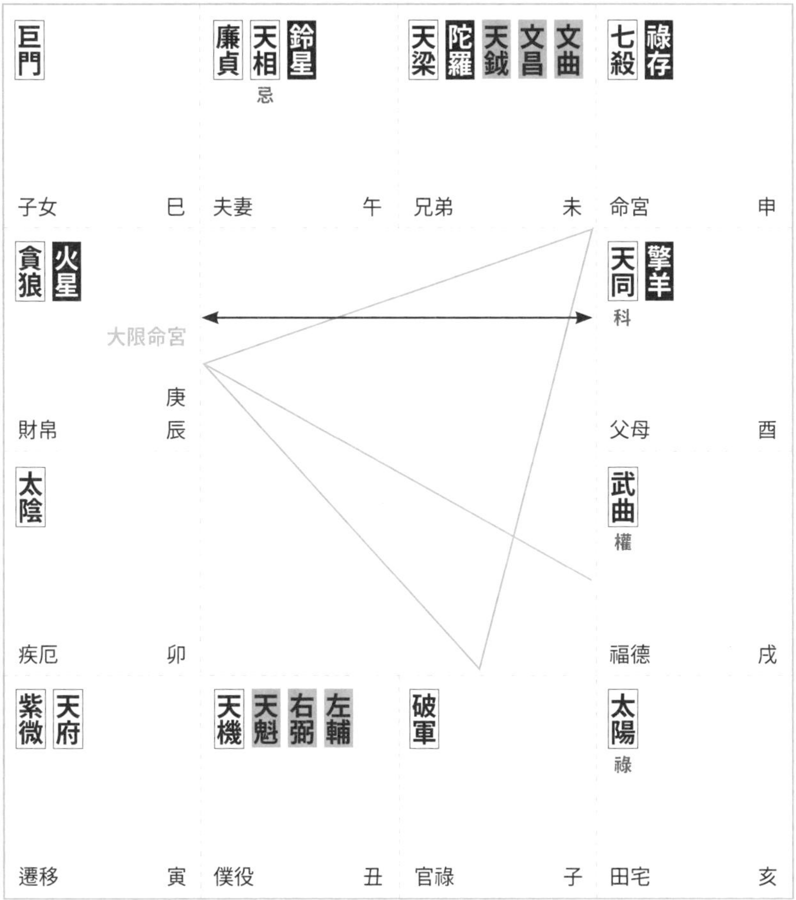

一個暗合就讓她的火貪格都沒有了，傳統上認為好格局一定是要屏除過度的個人意志以及情緒才能夠成功，所以對於功成名就這類事情，有了代表人內心情緒的煞星，反而不是一件好事情，因為好的格局跟發展會被情緒影響而失敗。

「現在妳知道為何妳連最後的火貪格都發展不出來嗎？」我問。

「我知道了，但是那樣我不是很慘嗎？」她像是快要放棄治療般失去自信。

「哎啊，這就是我們命理師存在的價值，不然妳傷心難過去哪裡找人談，可以預測未來還不會打擾妳的生活，所以我們是相當好的選擇。」我說。

「所以我想來上課想改行當命理師啊！」她從失望轉換到開心雀躍的心情，重新找到希望的樣子。

「當命理師當然很好，可以助人助己，但是先弄清楚自己的生命才有能力幫助別人，先來報名吧，剛好下周還有一個班有空位。」太好啦！她一定會來報名我的課。

我告訴她：「在認識自己的過程中，我們就可以發現自己還有其他的可能性，例如只要自己努力奮鬥不要跟人合夥就可以避開田宅宮暗合福德宮傷害福德宮的事情，也可以解決運限僕役宮暗合命宮造成火貪格不成的原因。再來，如果是要創業，那就真正的自己創業，至少不是像在給人打工的感覺，這樣一來命盤上的問題就先排除了。然後再等流年的化祿化權，就可以讓自己在這個大限中過得不錯了，就像前面說的，這跟打牌一樣，要先認清楚自己的牌還有自己的手氣問題，選擇最適合自己的方式，即使沒有一次胡大牌，也可以聚少成多，成為贏家。」

「老師，最後問一下，那格局都沒有用嗎？」

「並非沒有用，只是我們太簡化了它的用法，以及忽略了整體性的思考，這也是我們一般人對於人生思考的偏廢，總是簡化了人生的課題，例如沒有結婚就是不好的、沒有大格局就是事業不成功，實際上並非如此。任何人生的目標都應該可以訂下方向、找到對的時機去用心執行，最重要的是要找出適合自己的方向，而非道聽塗說拿別人的成功當成自己的目標，能夠認清這樣的觀點，自然就會把命理學學得好，也不會再受到格局的限制跟蒙蔽，不會再受到某些制式觀念的影響去做自己不想做的事情，白白糟蹋人生。許多有所謂格局的人往往就是因為一味地追求著自身的期待，卻忘記隨著運勢的情況和社會的變遷做修正，所以很容易就抑鬱而終，覺得自己懷才不遇。反而是沒有所謂格局的人比較開心快樂，如果妳看懂了就可以為自己找到方向，不用再糾結當年失敗的原因了，失去的房子就當作是教訓吧。這也是為何我努力教學的原因，因為好的觀念可以幫助很多人。」

其實，這個個案雖然心情上認同我的說法，實際上還是一直想追求自己那個七殺俯斗格的偉大事業，這很正常，畢竟那就是她的本性，過程中為她自己造成的煩惱也就是她今生的功課了。

這個個案讓我在當年有很深的感觸，原來一個觀念的錯誤會造成命主這麼大的人生變化（雖然也同時證明了其實人是可以改運的，因為看錯可以變倒楣，當然也可以因為看對而變幸運）。人生如同命理學的預測，往往一個決策錯誤，人生就大不同了。也是在那一年，我開始訂下目標，希望自己可以為命理學規劃制定出一套完整的系統，讓學習命理的人不再是道聽塗說，能夠有一整套完整的觀念跟學術體系和規範，這樣才能真正幫助到需要幫助的人。

02

接家業不成的長子和希望努力被看見的妹妹

運限帶來的轉變與轉機

「無論如何他總是哥哥，妳要尊重他一點。」

「還要怎麼尊重？事情我在做，錢他在花的！」

這類對話出現在很多傳統的家庭裡，相信多數人都不陌生。接下來這故事的主角是助教團介紹來的客人，就處於這樣的家庭風暴中。她的家族在中國的餐飲生意因為疫情而受到影響，原本台灣、中國、香港的飯店跟餐飲投資也都受到波及。

★ 學習點

1. 快速從命盤找出問題點的方法
2. 活用飛化
3. 命理師與客戶建立信任的交心方式
4. 運限轉換影響價值觀轉變的原因
5. 找出難解人生習題的突破點

當時的我剛換了新的教室，不但脫離了入行時期沒沒無聞三餐不繼的困境，也出了兩本書，命理事業大有進展。更慶幸的是，因為預測到身心靈跟命理市場的轉變，因此即便發生百年大疫，我們也已經提前布局出更完善的線上直播課程，並建置現代化的師兄弟制度、百人規模的全球助教團，得以克服各地文化語言差異和時差的限制，幫助全球的學生學得更好。與此同時，我開始限定每年諮詢的人數，一方面希望自己專心教學，不要跟自己的學生搶生意，一方面也希望可以把心力留著幫助一些真的比較困難的客人，例如商業型的問題。因為絕大多數的命理師都沒有從商的經驗，對於股權問題、家族鬥爭這一類的情況往往難以理解，只能從命盤的角度去看，就容易變成看著地圖在旅遊，盯著導航在開車，很容易不顧及現實情況，而給出不適合的建議跟選項。

但是，這既然是助教團介紹來的客人，加上問題的類型對我來說算是熟悉的，所以即使那一年的諮詢名額已經滿了，我還是在年關將近之際，接了這個客人，而客人一坐下來就跟我說：「老師，其實我不太相信算命。」

好吧，我知道，大多數的人都不相信算命，尤其是傳統命理師。大家比較相信占星塔羅跟外星人，尤其在中國，星座可以討論，但是命理學是迷信。

「沒關係，反正妳來了，我們就聊聊吧。」我看了看她的命盤說：「從命盤來看，其實妳很辛苦，一直很努力，卻得不到父親的認同，無論怎麼做，總是哥哥或弟弟比較受到重視，但是妳父親很愛妳，所以他其實也很掙扎。他也知道妳的能力比較好，只是他有他的難處。嗯，我們來想想辦法吧！」

我語音剛落，她眼眶一紅，緩緩說起她的情況。

她的家族是由父親那一輩開始做貿易起家，這是很多台灣人在中國致富的方法，把台灣零件賣去中國，加工之後再賣到全世界，可能從台灣賣中國，或者從中國賣全世界，有的專注於其中一個方向的貿易，有的則逐步發展成一條龍，上下游貿易皆由自己掌握。她的父親就是從原本的台灣對美國貿易，利用一點自學的英文開始做起生意，這是很早期台灣許多人起家的方式，讓那一代的人賺得台灣錢淹腳目，風光的拉升台灣經濟。然而，有些人因為時機暴起，也有人因為時機而衰退。

她的父親是相當聰明的商人，在中國改革開放之際，就嗅到市場的走向，馬上將採購轉向中國，呼應過去設廠的台商，以及跟著台商大量投資而興起的中國供應鏈，她父親因此取得更大的採購優勢，挾著中國人口紅利帶來的低廉人力，為自己的貿易王國創造出更大的市場。同時間也因為手上握有訂單，開始往下整合台灣跟中國的原料市場，這也是當時造成台灣許多的外匯流向中國的主要原因，原本是台灣直接賣給美國，現在是先賣到中國，然後中國再賣美國，造成台灣對中國的巨大貿易順差，讓台灣的經濟命脈開始掌握在中國手上，也造就了當時一批新興的富豪。

不過，她的父親對市場有相當的敏感度，他開始感覺到市場不可能一直如此，遲早台灣人將在中國市場失去地位（中國人不可能一直讓台灣人掌握市場的上下游），所以在賺到錢之後，開始轉為投資中國與台灣的餐飲與商城，因為一個國家有錢以後，生活水平必然跟著提升，生活消費將大幅度成長，並且會帶來巨大的現金流量，於是慢慢的將事業投資轉向了。一次的眼光獨到的決策，讓她的父親坐擁幾個商城與連鎖餐飲事業投資。也在這個階段，兩個孩子長大成人，各自從海外學成回到自己的身邊，安排接班人進入企業歷練就是必然的過程了，而原本感情不錯的兩兄妹在此時開始起了嫌隙與紛爭。

一開始，兄長為大，而且身為長子的哥哥確實也非常努力，希望可以做出一番成就讓父親放心與認同，而妹妹的性格外柔內剛又重視家庭，心中早就認定自己反正遲早要嫁作人婦，所以只想著輔助哥哥跟父親，反正哥哥爸爸真偉大，自己就不用保衛家鄉也不用努力奮鬥。當然最後的結果不是如此，否則她也不會來找我了。

我常常有個問題，我在看自己的時候，總是認為自己還不算太胖，但是一旦實際去逛服飾店就會發現，自己根本什麼衣服都穿不下，其實我就是個胖子，只是我總是常等到現實生活中的衣服或鏡子來提醒時才會再度發覺自己胖。縱使我盡可能的不合身的衣服大不了不穿、鏡子大不了不照，不過人生許多事情卻不是把衣服鏡子收起來就好，尤其是事業的經營。

哥哥的能力跟不上他對自己的期待，努力的成果不如自己的想像，更根本的原因是，身處中國市場，一個富二代往往容易淪陷在許多誘惑之中，當身邊的人都只給予掌聲，環境滿是五光十色時，其實人很難不被誘惑，這時候自己真正最親近的人就不如外面朋友可愛了，因為真正親近的人會對自己說真話，會跟你說「其實你就是胖子，不是壯，是真的胖。」但是人非聖賢，誰被灌迷湯會不受影響？誰不會意志力不堅想要胡搞一下呢？更何況家裡還有個乖乖聽話的妹妹，可以隨時隨地的掩護自己。

兩兄妹聯手公司的事業，哥哥負責公關（夜夜笙歌），妹妹負責處理公司大小事務，慢慢的好似也真的能夠有所發揮，好幾個開發案都四平八穩的發展起來，這時候哥哥當然更加的覺得自己接班在望，絕對撐得起家族事業，人生的巔峰莫過於此了。展示人生勝利的最好地方當然就是賭場了，那是全世界最能夠用金錢買到各種想像的地方，事業呢？沒關係，有好妹妹在；而妹妹呢？對於太子爺不專心在工作上，加上揮霍的開銷支出，妹妹面對的是收不完的爛攤子，以及開始挖東牆補西牆的財務狀況。

哥哥越來越好大喜功跟自負的個性，讓妹妹最後一點對兄長的尊敬都盪然無存，只剩下身為家族女兒的責任。這充分展現了太陰星在命宮的命盤特質，只是太陰雖然柔順但是並非沒有主見，她只是願意為家庭付出，願意成就自己的男人（包含家族的男人），並非是沒有聲音的人，畢竟太陰（月亮）跟太陽同樣都是天上最亮的星，在日間由太陽掌控我們的生活作息，在夜間代表月亮的太陰引導我們不會陷入一片黑暗，這是命理上利用太陽跟太陰的現實特質所設定出來的命盤法則。

命盤上，太陽與太陰所在的位置就各自代表我們人生中希望要主導一切的部分，例如太陽在夫妻宮，在感情上就會希望可以主導一切規則，無論是感情的關係建構以及感情的型態。而太陰星所在的位置，一樣有這樣的情況，差異在於月亮畢竟是在夜裡出現的，並且是受到太陽照射才有光芒，所以他必然會以太陽為主，以及太陰會更重視自己是用溫柔而堅定的光芒在引導著自己人生的道路。因此，太陰在代表朋友關係的僕役宮，通常對朋友都頗為照顧，把朋友當家人，給予各種細心體貼跟關心，但是也會希望朋友要能聽取自己的意見，因為他是為了朋友好，只是不像太陽那麼的強勢。

如果跟這位客人一樣，太陰在命宮呢？

命宮的個性影響十二宮位，溫柔不代表她沒有意見，細心跟重視家人關係也不表示她可以完全無視現實的去支持自己的兄長。甚至結婚後的太陰星，會把家的觀念轉移到自己的外來家庭而非原生家庭，可想而知兄妹間的問題就會慢慢出現，到臨界點時，也就快速的惡化了。對哥哥來說，我是長子，我也很努力，只是有時候剛好運氣不好而已，妳為何不能尊重我一點？而對妹妹來說，尊重不是放縱，事業出了問題是父親的心血被我們敗掉，而且眼看著哥哥一直出狀況，怎麼可能不反對哥哥的意見。更別說妹妹已經有自己的家庭，總是要為自己的未來打算，於是戰爭從嫌隙摩擦、針鋒相對、冷戰，演變到彼此法律攻防與親人關係撕裂。

那個當年乖順的妹妹已經變成了惡婆娘，熱情開朗的哥哥也成了不可一世卻只知道花天酒地的敗家子。與此同時，隨著時間過去，環境變動，市場不再好做了。餐飲跟商場的開發，隨著中國市場的崛起，有越來越多中國人投入，這類的市場往往是越在地越好做，畢竟其中需要許多「關係」（這也是哥哥夜夜笙歌的最好理由，因為他要穩住關係）。可惜的是，再好的關係都比不上在地關係，你可能跟我很好，但是你畢竟是台灣人，怎麼比得上我從長大的「發小」呢（指從小一起長大的玩伴，經常在一起的朋友）？

促使兄妹競爭的大環境原因還不只如此，各種土地的炒作，資金爆炸性的流入，在短短的十年內出現許多中國富豪，在中國市場，台商早就不再擁有足夠的影響力。原本由台灣人掌握的貿易生意大量的被中國商人取代，更別說是更重視區域在地實力的商場或者餐飲生意了。短短的十年，市場反轉，聰明的父親也看清楚了這個趨勢（只能說能賺錢的人眼光真的很重要），他開始出賣資產，將資產設為投資公司，並且慢慢預備轉移陣地，正當接班人的安排迫在眉睫時，疫情爆發了。

於是，疲累的父親更加認為自己應該要把事業傳給下一代了。他一邊面對只是迷途算不上完全不成材的兒子（父親心中覺得那是孩子被朋友帶壞了），一邊是隨著時間證明，其實確實比哥哥有能力的女兒，該怎麼辦呢？

來找我的是妹妹，我必然是站在妹妹的立場去解決問題。她希望自己多年的努力不要化為烏有，也希望家族事業能夠維持，所以她也正在迷惘中。這過程中有許多人給她各種建議，有家族長輩苦心勸導她，女人總是要走入家庭，只要能分到一點財產就好了。也有姐妹淘跟哥兒們建議她，有為者亦若是，既然有能力就應該承擔起家業，讓哥哥拿錢走人好了。她自己的想法則很簡單，她想把家人和自己照顧好，不希望兄妹感情繼續惡化。

各方面人事的建議中當然也包含了其他命理師跟宗教導師，宗教導師建議她放下，命理師也跟她說女人該回歸家庭，甚至對於中國與台灣的經濟前景根本一無所知，還覺得應該加碼投資中國，所以她對於命理師的意見其實內心很反彈，因此才開門見山跟我說她不相信算命，我並不怪她，畢竟傳統上許多命理師自身並沒有多少財經背景，也無法判斷政經局勢，往往更加專精於應對客人的話術。他們對於經濟情況的了解通常來自於電視名嘴跟小道消息，程度跟巷口麵攤聊八卦的人差不多，這樣的意見聽在有真實商場經驗的人耳裡，自然是特別的可笑。她當然是問過不少人，畢竟人在茫然的時候，命理師確實是一個選項，只是她也失望了。直到她的助理介紹了我的影片，她看到我討論命理的觀點跟他人不同，也知道我有二十年的餐飲從業經驗，才想著那就來問問看吧。

命理師真正要做的事情不只是算得準而已，準度只是基本，更重要的是能解決問題，如同醫生找出病因，要能夠治癒病人的身體，還能夠讓他不再復發，有些時候甚至要連帶的治癒他的心情，因為有些疾病會有不可逆的情況，例如斷手了、割除了腎，甚至影響了容貌。命理師身為一個在古代跟醫生同屬於一個範疇的行業，其實更多時候需要幫助人們從心理上去面對問題，改變人生。這時候，信賴會是第一步，沒有信賴，無論是醫師或命理師，都很難真正的幫助個案找到問題，於是建立彼此的信賴感成了關鍵。如同在這個案例中，客人的心防很強，幾乎是壓根不願相信算命，但我在一開始就說出了她內心的想法跟問題，她才打開心房告訴我她的心情與困境。信賴感可能與命理師的知名度成正比，越有名的越容易建立起信賴感，但是即使是再有名的命理師也一樣會遇到抗拒的客人，因此「快速的」找出問題會是一個重要的手法，我怎麼做到的呢？

✦✦✦

一般人除非是很愛算命、為了滿足好奇心來的，否則絕大多數會問的問題通常跟陀羅坐落的位置以及化忌的位置有關係。陀羅是自己糾結的地方，如果知道怎麼解決還需要糾結嗎？陀羅也是自己所需要面對的功課，功課絕對不會是簡單的，更多時候都是讓我們不知該如何是好的。化忌則是空缺的意思，看是哪個星曜產生的化忌，在哪個宮位來判斷他在哪個部分有所空缺，所謂的空缺就是得不到自己想要的，例如武曲化忌往往是因為錢、太陽是重視主導權的星曜，所以太陽化忌往往是因為所在的宮位無法由自己主導，所以會想要找到方法。因此利用陀羅星的位置、化忌的位置，以及看是哪個星曜化忌，就可以快速的看出命主內心需要解決的問題，這個手法也讓我在催眠課程中協助學生快速找到個案問題，以及找到個案潛意識中需要被療癒跟幫助的地方，相當好用。

在一開始，我看了命盤之後（圖十六）發現，生年的陀羅在本命盤代表著不同性別兄弟姊妹的僕役宮，如果她有哥哥或弟弟，這就將是她一生要去努力的地方，同時這也是她的大限福德宮，代表精神意志跟來財方式，表示她困擾的事情必然跟哥哥有關係，而大限命宮在本命的田宅宮，大限官祿宮在疾厄宮（父母宮的對宮），表示她的工作跟家族是有關係的，大限官祿宮除了有武曲貪狼這樣有慾望的星曜之外，還放了一個代表堅持理想或者可以說有某種固執己見的本命擎羊，表示這個人雖然是太陰天同坐命，看來溫順小女人，其實在這時候對於自己的工作很堅持自己的想法（圖十七）。

圖十六／命盤

天府 陀羅 僕役 巳	太陰 天同 祿存 右弼 遷移 午	武曲 貪狼 擎羊 祿 權 疾厄 未	巨門 太陽 天鉞 左輔 財帛 申
鈴星 文昌 官祿 辰			天相 子女 酉
廉貞 破軍 火星 田宅 卯			天機 天梁 文曲 科 忌 夫妻 戌
福德 寅	父母 丑	天魁 命宮 子	紫微 七殺 兄弟 亥

圖十七／大限命宮疊本命田宅宮

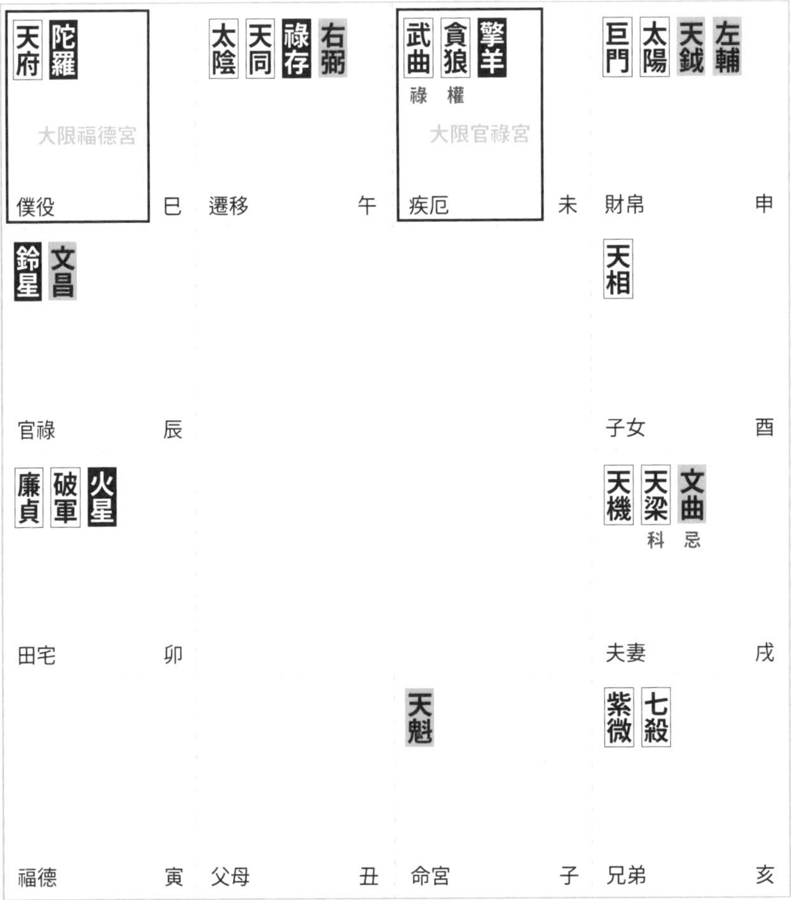

一個人可以在家族內部工作，表示家族的事業通常不會太差，不然自己出去賺比較快，何必在家族裡上班。但是家族通常重男輕女，而以她的命盤來看，代表著哥哥的僕役宮宮干為己，化忌到本命夫妻宮，而且這個夫妻宮是父母宮的子女宮（圖十八），這表示命主的哥哥（僕役宮）讓爸爸（父母宮）對孩子的心情有個空缺（化忌），而且是文曲化忌，這是很感性的空缺，可見得父親對於哥哥賭錢花家裡的財產其實不是那麼在乎，更在乎的是跟兒子的感情（文曲），更別說宮位內還有天機天梁（天梁代表了庇佑），能照顧孩子是父親心裡的期盼。

圖十八／僕役宮宮干造成夫妻宮（父母宮的子女宮）化忌

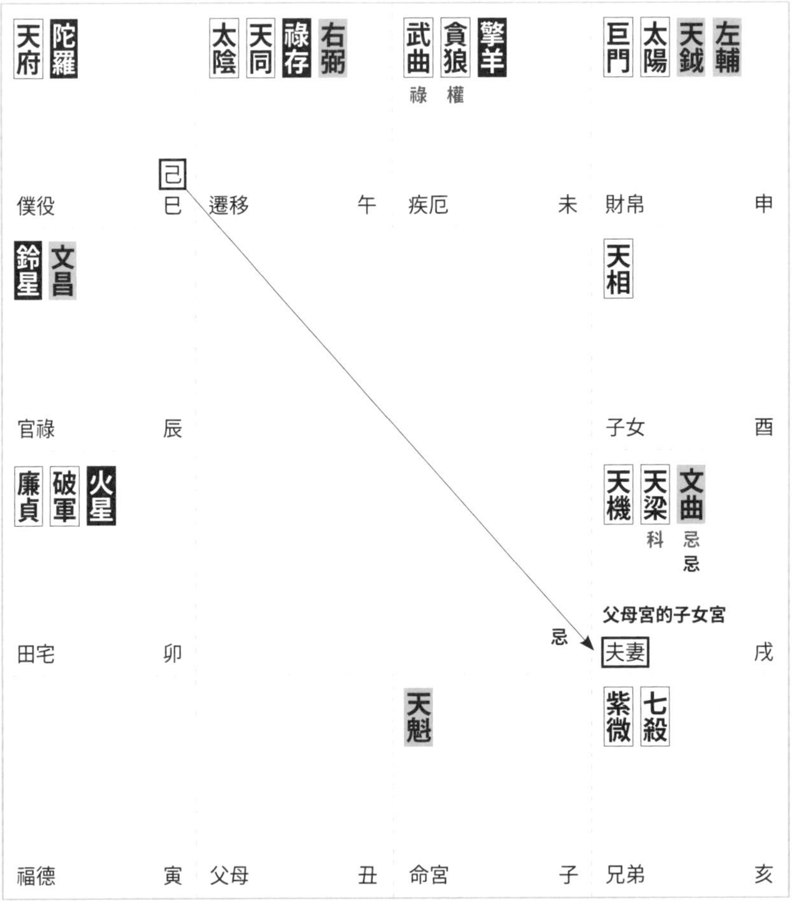

同樣的，命主的本命命宮宮干是丙，造成官祿宮文昌化科，官祿宮剛好是父母宮的田宅宮，這個客人應該從小就會念書，而且讓爸爸覺得很驕傲。手心手背都是肉，父親難為。可想而知她會有目前的困境，想要有番作為，但是父親需要顧及對哥哥的感情，以及那個在田宅宮的文昌星同時也代表了父親具有傳統的家族觀念。文昌被認為是所謂正途功名的星曜，其實意思就是要循規蹈矩，也就是傳統跟古板，這個文昌讓父親覺得家族還是要以長子為主。在這一連串的條件組合之後，我抓出了問題所在，告訴命主答案了。

這過程看來複雜，其實只需要三十秒左右，技巧上是先抓出問題點，我們知道陀羅在僕役宮，那麼問題就在那裡，就像醫生先知道了你哪裡痛，然後再去找病因，這個陀羅影響了她的大限福德宮（代表精神跟來財方式），所以這應該就是她現在煩惱的原因。既然是跟錢、兄弟有關係，同時間就去找找看可能的跡象，首先看看她的工作，一看發現跟家族有關係，這更表示了是家族分配工作的問題，誰能分配工作呢？通常是父親，所以同步檢查父母宮。紫微斗數的看法就像查資料一樣，一步步從問題發生的起源往下找出原因。一個個相關宮位去檢查就可以找出來，只要夠熟練就可以有明確的尋找方向，馬上查出命主的情況。

在她說家庭故事的時候，我也順便看了一下上個大限的情況，發現她上個大限的僕役宮狀況是不錯的，可見得上個大限她跟哥哥的感情不錯，但是這個大限的僕役宮有落陷的巨門太陽，一個只願意動嘴的巨門，加上發號施令的太陽，可惜太陽是落陷位，所以心有餘力不足，更不用說還有一個暗合的陀羅星。以及這個僕役宮是疊了命主的財帛宮，表示她的賺錢機會穩穩的踩住哥哥無法動彈，還要跟哥哥去爭當那個太陽。兩個人都有各自的問題，所以力不從心（圖十九）。

圖十九／大限僕役宮疊本命財帛宮，暗合陀羅

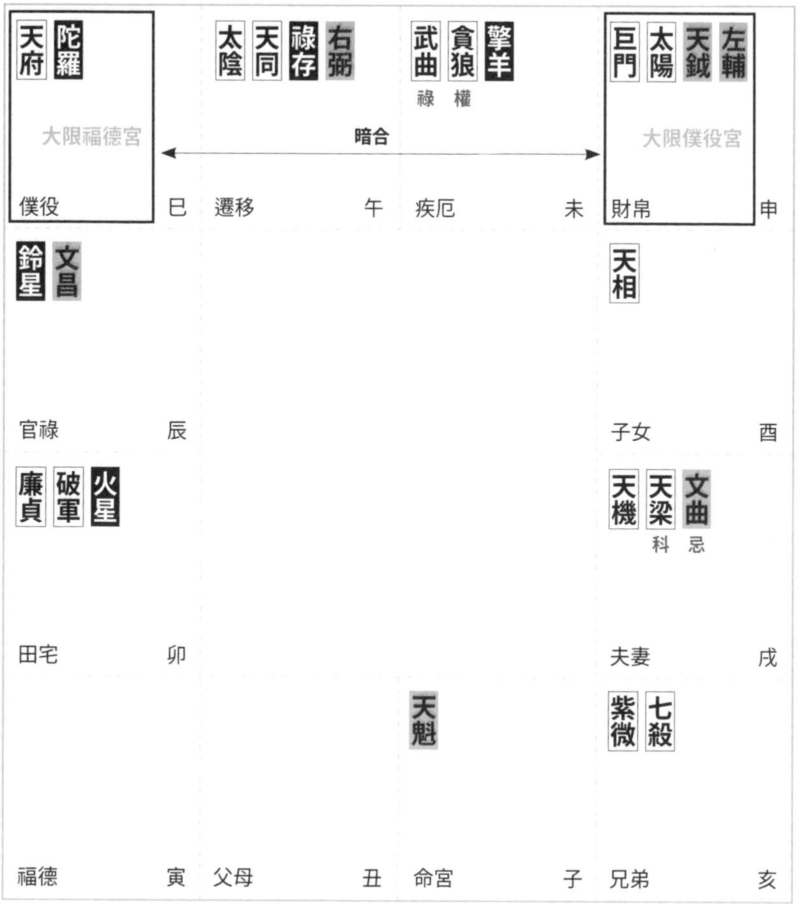

命盤上，我們看自己的困擾會帶給自己什麼問題，通常會看造成問題的宮位宮干會化忌到哪裡去，也就是這個宮位會造成哪個宮位有空缺，就是這個問題造成我們的麻煩會出現在哪裡（圖二十）。因此從大限的僕役宮來看，造成官祿宮武曲化忌，表示哥哥造成她工作上有缺錢的問題。

好啦，到這裡大致上已經從命盤還原出她前面說的故事了。一個家族兩個小孩，一男一女，從小都聰明有能力，女生更是父親的驕傲。兩個人年輕的時候被培植成接班人，不過正確來說，因為父親傳統的觀念，應該是哥哥才是接班人。剛開始兩兄妹感情不錯，妹妹就是幫著哥哥，但是隨著哥哥在工作上出了問題，以及（這裡是重點）妹妹在換了運限之後，開始對事業有了自己的想法跟對自己的期待，所以開始覺得哥哥的不成材阻擋了自己。父親雖然覺得自己能力很好，卻仍因為哥哥是長子的傳統觀念，所以無法把事業傳給妹妹，可是同時又認同妹妹的能力，希望妹妹可以幫忙家族事業幫助哥哥，家中三人因此陷入了三難，甚至是雙倍的三難，因為這三人彼此都深愛著對方。以妹妹的命盤來看，陀羅在僕役宮，這個人讓她糾結，如果她不在乎何必糾結；而父親對於兄妹兩個也一樣，一個化忌一個化科，即便是從很基本的命盤跡象

圖二十／大限僕役宮宮干造成大限官祿宮化忌

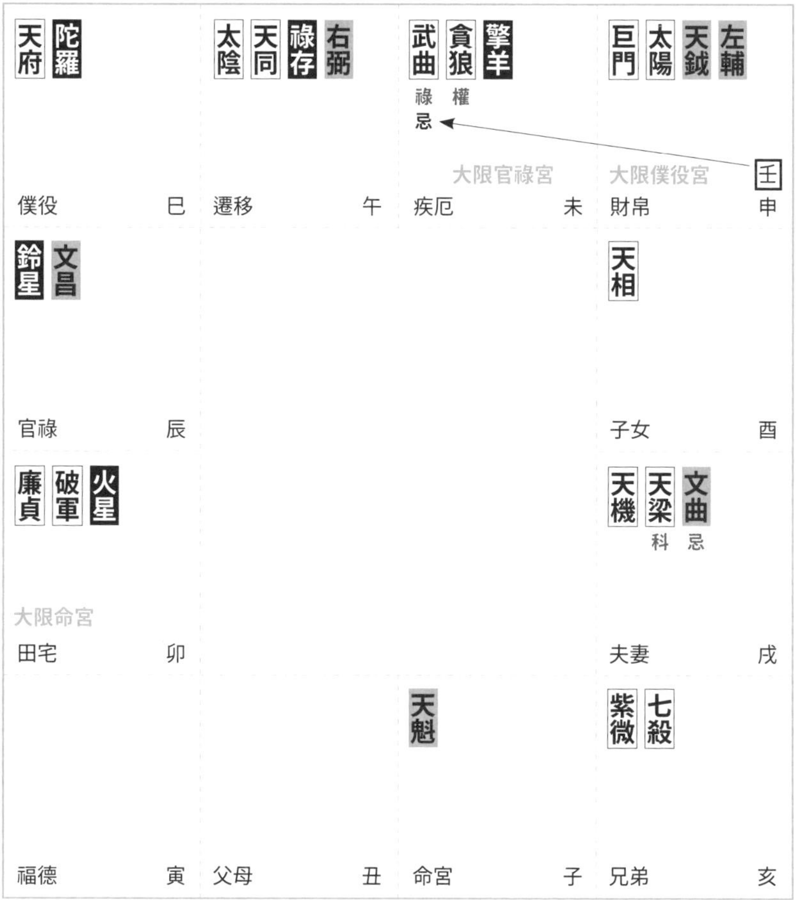

去看，都可以看出父親對兩個兒女的想法，一個是心頭肉，一個是他的驕傲。

「該怎麼辦呢？老師。」她無奈的問我。

大多數的問題其實都很簡單，男人不愛你了，分手就好，反正路上男人比野狗還多，隨時可以換一個；沒有了工作，在台灣只要夠努力就可以有機會，頂多是幫你找一下什麼時機對你來說更好而已。但是親情往往是最難處理的，到底該怎麼辦呢？我先問問她的想法吧！

「妳希望呢？」我想聽聽她是否知道自己內心到底要什麼。

「老師覺得我要什麼呢？」她反問。

「我當然知道妳要的是什麼，但是人要解決問題的第一步是要面對問題，而面對問題的首要是自己能夠說出自己的問題。就像催眠一樣，最好的催眠是自己對自己下的指令，妳自己能夠說出來才能夠面對。」其實每個人通常都知道自己的問題，只是不願意面對，所以引導她說出來也就是引導著她自己去面對。

「妳要什麼應該自己很清楚，不該是問命理師，而且我們的價值觀不同，妳要的不一定是我要的啊，如果公司都是妳在管，搶過來就好了啊，但是妳做不到吧，想想妳要的到底是什麼？我知道妳要的是顧及父親的感情、顧及跟哥哥的感情，但是又希望得到父親真正的認同（賦予家族產業的權力），當然也包含用實際的事業成績來證明自己的能力。但是，我希望妳自己說出來。」這是我心裡的想法，所以我繼續問她。

「老師，你不知道我要什麼喔，你不是命理師嗎？」

「我是命理師，不是妳肚子裡的蛔蟲喔。所以說說妳要的吧！」我說。這種時候，我才不在乎人家是不是覺得我不準。

「嗯，我哥哥一直這樣真的不行，家裡的生意都快出問題了，爸爸年紀那麼大了，還要擔心這些，我只希望能夠讓爸爸安心，但是哥哥又不聽我的，所以該怎麼辦呢？」她想了一下說了出來。

「只有這樣嗎？」我說。

「對啊，不然呢？」她還是無法承認她在運限轉換後，開始對自己有很高的期待，畢竟本命盤官祿宮的文昌星深深影響了她在工作上會謹守分際。

我開始更深入的剖析：「其實，妳應該在工作第五年也就是大約34～35歲左右開始，發現其實自己在事業上滿有能力，而且也做得很開心，很有成就感，並且很享受經營家族事業，客人許多正面的回饋帶給妳非常多的滿足，對吧？」

依照大限的轉換，她應該是虛歲33歲進入大限（大限看實歲，小限看虛歲，所以換大限的時候要看實歲，而她的大限起運在32歲，所以是虛歲33歲時進入大限）。通常我們不會一進入大限就馬上有感覺，會有個一兩年的轉換期，就像天氣會慢慢轉熱跟變涼一樣，所以在實務上直接把時間往後說兩年會更容易說中，因此我說是34～35歲左右。

「是，看到餐廳的客人滿足的樣子，喜歡我們的菜色喜歡我設計的空間，那樣的成就感比賺錢還讓人滿足，但是經營事業也不能只有滿足感，賺錢也很重要，所以我不能讓我哥哥這樣一直造成公司賠錢啊。」唉唉，她承認了但是又躲起來了。

其實，本命太陰天同在命宮，天生具備照顧人並且懂得生活細節跟品味的特質，尤其她又是在午位的太陰，「午」是中午的時間，那個時間代表太陰的月亮是不在天空中的，就紫微斗數來說這就是落陷的太陰星，表示她不會照一般規則也不會用傳統的安分態度，來展現太陰在家庭與照顧、生活與享受，以及母性與傳統等特質。這個位置的太陰除了具備一般母性跟守護家庭的特質，也代表了願意去嘗試不同的突破跟打破一些規則，因此，她會享受滿足於看到客人被照顧的樣子，而且不只滿足於這些，她會希望自己更加的不一樣，這個不一樣恰好會在運限走到該有的四化出現時，拉動她的命盤，讓她在原本被認為是重視家庭、安安分分的太陰天同組合，變成希望自己的人生有所不同。

這是在紫微斗數中判斷人性轉折的重要觀點，我們原本具備的特質除了表面上的狀態還會有潛意識的狀態，在這張命盤上，她的命宮是空宮，應該要借對宮主星來當命宮主星（圖二十一），所以在小時候、在一般時期，她就像是個正常的太陰星天同星，不與人爭奪、重視家庭，只希望自己的人生可以快樂過日子，家庭美滿，嫁個好老公，因此太陰天同星如果在子的位置被認為是月生滄海格（圖二十二），如一輪明月懸掛大海之上，用皎潔而溫柔的月光庇佑著海上的漁船，不求回報，甚至不像太陽在照射的同時還會順便施予一點壓力，只是靜靜守護著，這是這組星曜的基本特性。

圖二十一／命宮空宮借對宮主星，太陰天同

天府 陀羅 僕役 巳	太陰 天同 祿存 右弼 遷移 午	武曲 貪狼 擎羊 祿 權 疾厄 未	巨門 太陽 天鉞 左輔 財帛 申
鈴星 文昌 官祿 辰			天相 子女 酉
廉貞 破軍 火星 田宅 卯			天機 天梁 文曲 科 忌 夫妻 戌
福德 寅	父母 丑	天魁 太陰 天同 命宮 子	紫微 七殺 兄弟 亥

圖二十二／月生滄海格，太陰天同在子

僕役 巳	遷移 午	疾厄 未	財帛 申
官祿 辰			子女 酉
田宅 卯			夫妻 戌
福德 寅	父母 丑	太陰 天同 命宮 子	兄弟 亥

但是隨著時間的流轉，運限命盤開始影響她。走進第四大限，大限的命宮天干為丁，丁會造成太陰天同產生太陰化祿天同化權（圖二十三），表示這個時間的她會因為自己年歲的價值觀改變，一併改變了原本的個性（大限盤造成本命盤產生四化）。她的天同星化權，她希望可以得到更多的權力，她的太陰星化祿，她希望自己的母性特質、對家庭的守護跟自己能照顧人的特質，可以為自己在事業上帶來更多的機會。而本命盤遷移宮剛好也是她大限的田宅宮（圖二十四），所以這個權力要體現在家庭中，她希望父親跟哥哥可以給予自己更多的尊重跟機會。

圖二十三／大限命宮宮干為丁，造成太陰化祿、天同化權

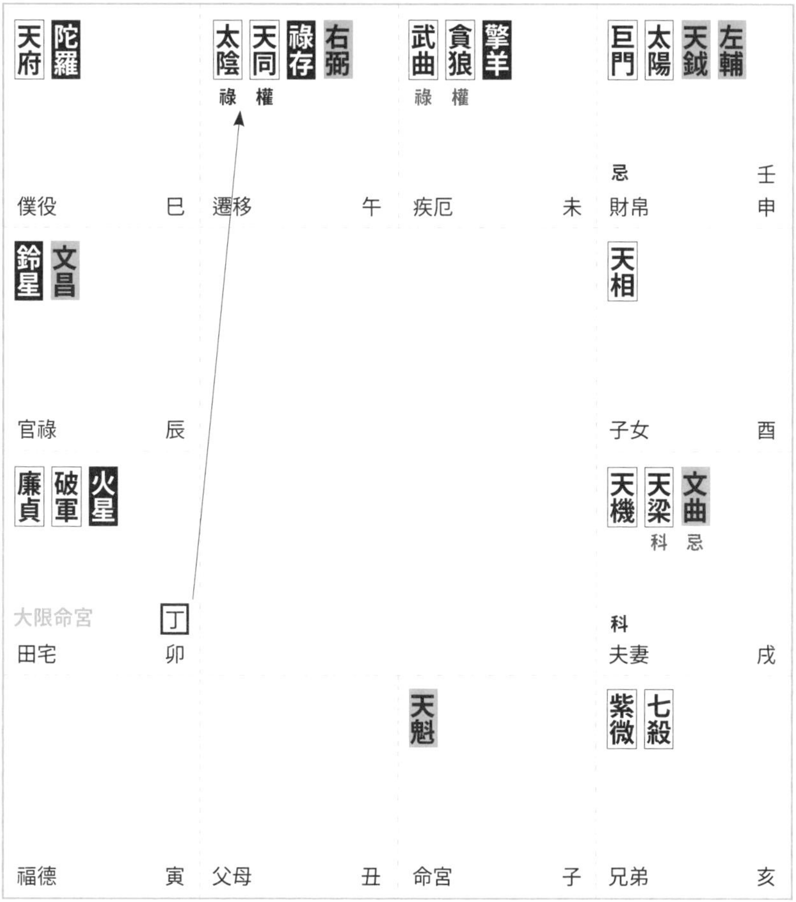

圖二十四／本命遷移疊大限田宅宮

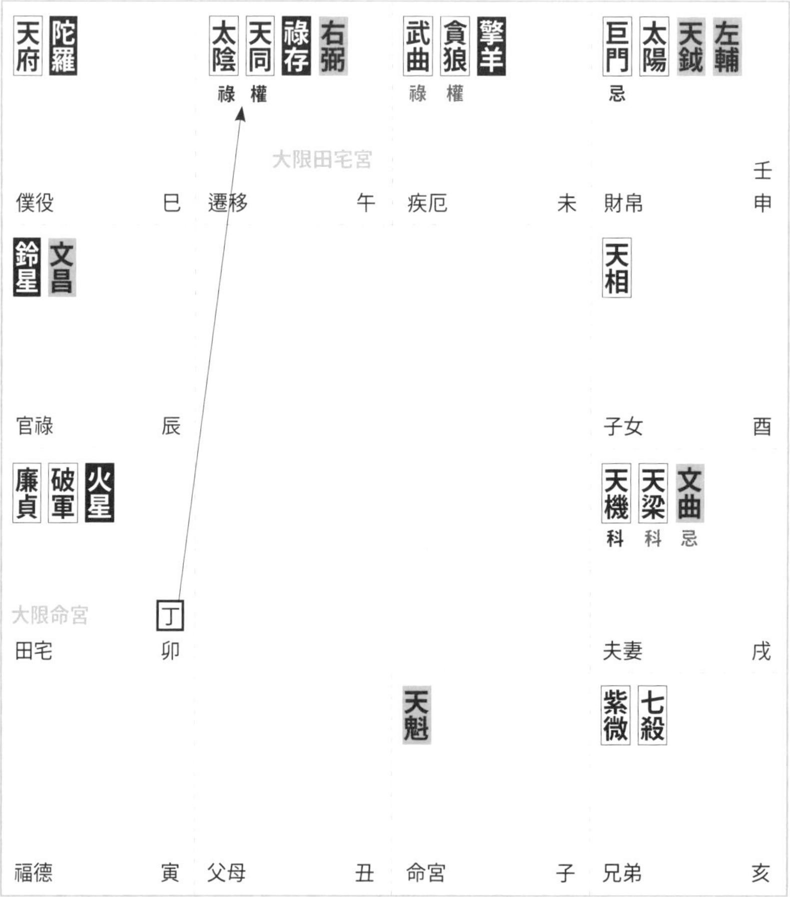

掌握了她在運限轉換後的心態，我告訴她：「所以我說啦，如果我是妳，我就直接把公司搶過來啊，不但爸爸不用擔心事業出問題，妳也有大展身手展現能力的機會，不用被妳哥擋來擋去，這滿好解決的，就看妳敢不敢而已。」

「老師，這樣就是翻臉了啊！」她瞪大眼睛。

「翻臉只是一陣子，但是事業倒了是一輩子的喔！」我繼續逼她。

「但是……老師這樣真的不行啦！」她說。

「所以事業跟親情，妳會選親情嗎？」我問。

「真的要選，家人還是最重要的啊……」她無奈的說。

「但是如果妳在事業上退讓了，是不是會很不甘心？」我再拋出一個重要問題。

「當然會啊！老師，為何女生就是無法得到認同啊……」

終於，她說出心裡話了。只是對她來說，家人還是最重要的，雖然她希望擁有自己的事業，但是，她的無奈已經發展到跟昨天我吃的過期麻糬一樣軟弱沒有彈性了。

我告訴她：「不是每個女生都會遇到這樣的情況，人生大多時候是一種選擇，選擇自己要的或是選擇妥協。有許多女生選擇拿下自己家族事業，趕走哥哥甚至爸爸（我真的有這樣的客人）。所以，就看妳要做什麼選擇。」

她很糾結的說：「難道沒有兩全的方法嗎？我朋友說你很厲害，有沒有什麼方法可以兼顧，看是改變我爸的觀念，還是改變我哥的情況呢？像是風水或是什麼改運的東西？」

顯然她的麻糬，不是，她的無奈已經徹底無法再掩飾她的內心，居然開始亂想辦法了。

「很可惜沒有耶，但是我們可以一起想想看有什麼兩全其美的方法。」我這樣說。哈！願意面對問題就好解決了，改運的第一步就是面對問題，然後開始分析出自己真正要的是什麼、可以放棄的是什麼。雖然目前聽起來她就是通通都要而且沒有可以放棄的部分，其實不然。命理師常常會被客人拖入思考的絕境中，因為在命理師取得客人信賴的同時，通常需要展現同理心，讓自己跟客人彼此產生相同的共振頻率。（在催眠中這是第一步，透過這一步，讓客人的思維可以跟著你的引導，走出他思維邏輯的漩渦，看到更大的世界，看到更多的選擇，免除自己掉入選擇的困境陷阱。）命理師若沒有受過專業訓練，也容易掉入這樣的漩渦，隨著客人需要跟問題掉入無法破解的問題陷阱。

現在看起來有三個問題，跟父親的關係、跟哥哥的關係，以及她的事業重疊家族事業的關係，所以將三個人綁在一起，無論動哪個部分，這個原本緊密以家族與事業為主軸構成的三角形（圖二十五），都會因為破壞一個邊就跟著全部破壞。這樣環環相扣的問題其實很常發生在生活中，如同我們小時候玩的七巧環一樣，難以解開。命理師遇到這類問題時，往往也不知道該怎麼辦，所以就會衍生出各種不負責任的解答，例如這是妳跟妳哥的前世糾纏，今生妳還，妳就讓他一下，把問題推給無以名狀無從考證的前世；或者是推給神明，說這是神明付予妳的功課，妳要乖乖做功課。再不然就是更低級的，說女人本來就不該太有事業心，應該要回歸家庭；以及，紫微斗數中常說這一類的命盤，就是只能當公務員、家庭主婦之類，勸女人認命。有許多命理師就是會用這類的負面論點來打發客人跟掩蓋自己的無能，甚至換上一點語重心長口氣來教化客人一番，可惜我不是那樣的老師，說不出那樣的話，我希望能幫助她。

圖二十五／家族與事業，彼此間關係的緊密影響

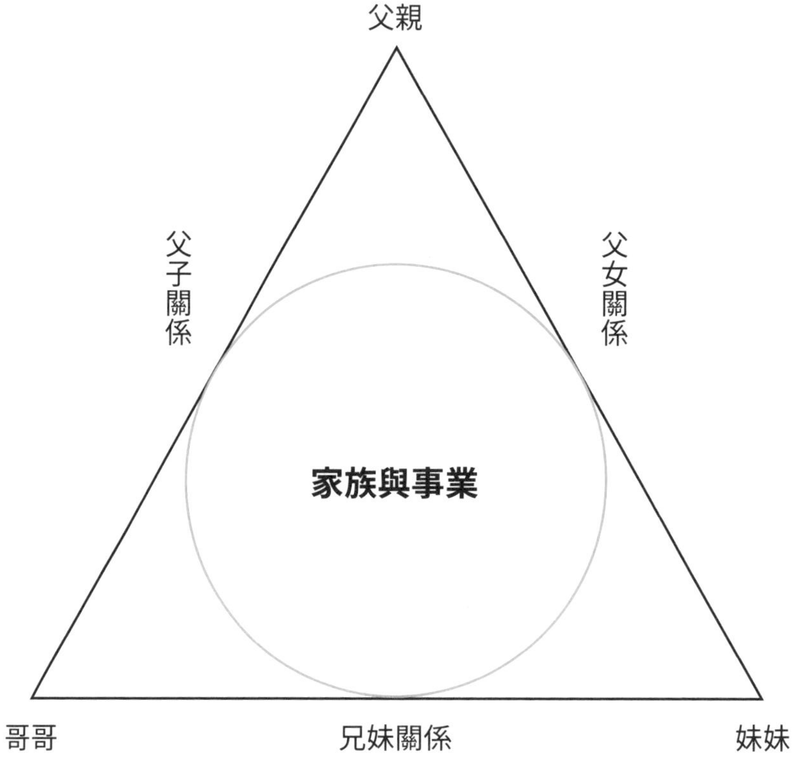

命盤會給我們一切理性的思維，透過理性的思維會讓我們看到各種可能性，怎麼說呢？命盤上的每個宮位會各自代表我們在各種事情上的態度以及想法，但是各個宮位彼此連動又各自獨立，所以透過對命盤的觀察，我們可以發現她的需求：

1. 顧及父親感情
2. 顧及跟哥哥的關係
3. 不希望家族事業被哥哥敗光
4. 自己的事業成就

而且她的問題是一環扣一環，如同前面的圖二十五。人生的問題往往跟生病一樣，會連帶有併發症，而醫生解決症狀的重點就是找到病灶。在這個案例中，真正的病灶是什麼呢？

我們可以發現，其實她小時候沒有這些問題，甚至剛開始一起跟哥哥工作也沒這個問題，問題是出現在第四大限，這表示其實是因為她自己的年歲時間影響了自己的想法，這個想法剛好引發了她個性中原本不被看見的特質，進而引發了這些問題。也就是說，這個想法的改變是大限引發的，所以我們可以去看她的大限陀羅在哪裡、化忌在哪裡（陀羅跟化忌會是問題的所在）。她大限的陀羅在大限福德宮，這是代表來財方式、賺錢方式。巨門化忌在大限僕役宮（圖二十六），表示跟哥哥有關係，所以可以想見，她真正的問題在於事業，而這事業跟哥哥有關係。

圖二十六／大限陀羅在大限福德宮、大限巨門化忌在大限僕役宮

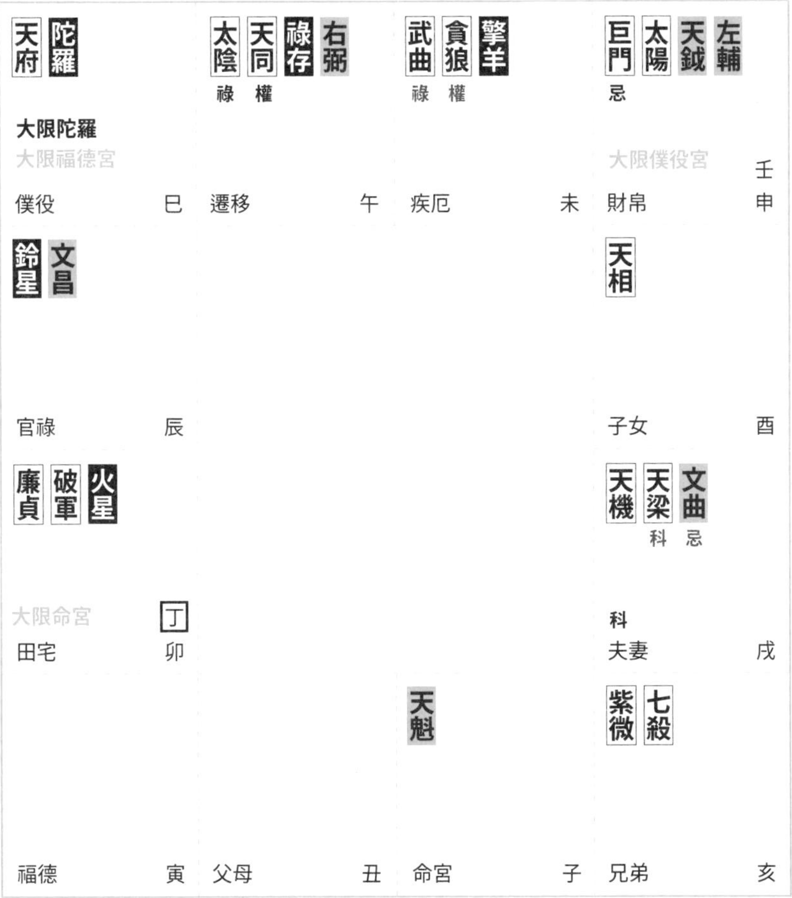

如果事業跟哥哥無關呢？

回想剛剛 P.88 圖二十五的問題架構圖，事業成就的圓連住了三個問題構成一個彼此連結的三角形，如果這個事業成就不在中間，問題不就不再有連結，很可能也不再存在。

因此我問她：「如果事業跟哥哥無關呢？妳就不會跟哥哥起衝突了，妳可以有自己的事業，滿足對自己的期待。」

「我一直想要有自己的事業啊，但是可以這樣嗎？」她發現她的麻糬慢慢開始有彈性了。

「當然可以，從命盤來看其實妳的事業會不錯。」我說。

我說這話是真的，她的大限田宅宮化祿化權，大限財帛宮坐紫微七殺並化祿到本命夫妻宮（官祿宮的對面），紫微七殺代表皇帝希望要掌權，這說明了她這個大限在財務上希望可以自己掌控，這是創業的跡象，並且這樣的跡象會化祿到她的本命夫妻宮，夫妻宮是官祿宮的對宮，也可以表示是在外的工作機會（圖二十七），這表示自己想賺錢創業的心讓自己在工作上會有轉機，雖然不可否認這不是能賺大錢的局勢，而且還滿辛苦的，卻不是沒有成就。

家族與事業

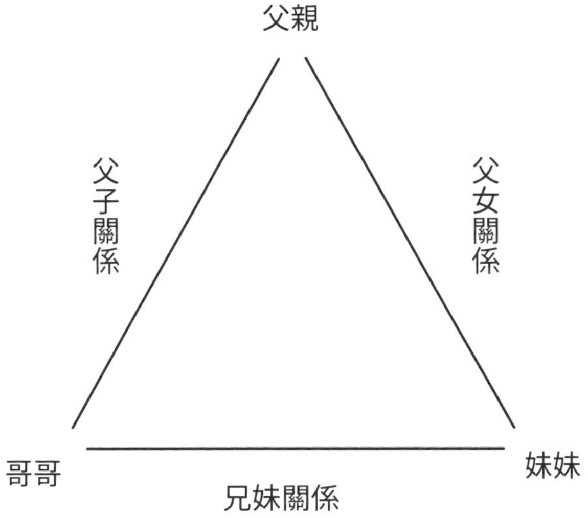

圖二十七／大限田宅宮化祿化權，大限財帛化祿到本命夫妻宮，也是官祿宮的對宮

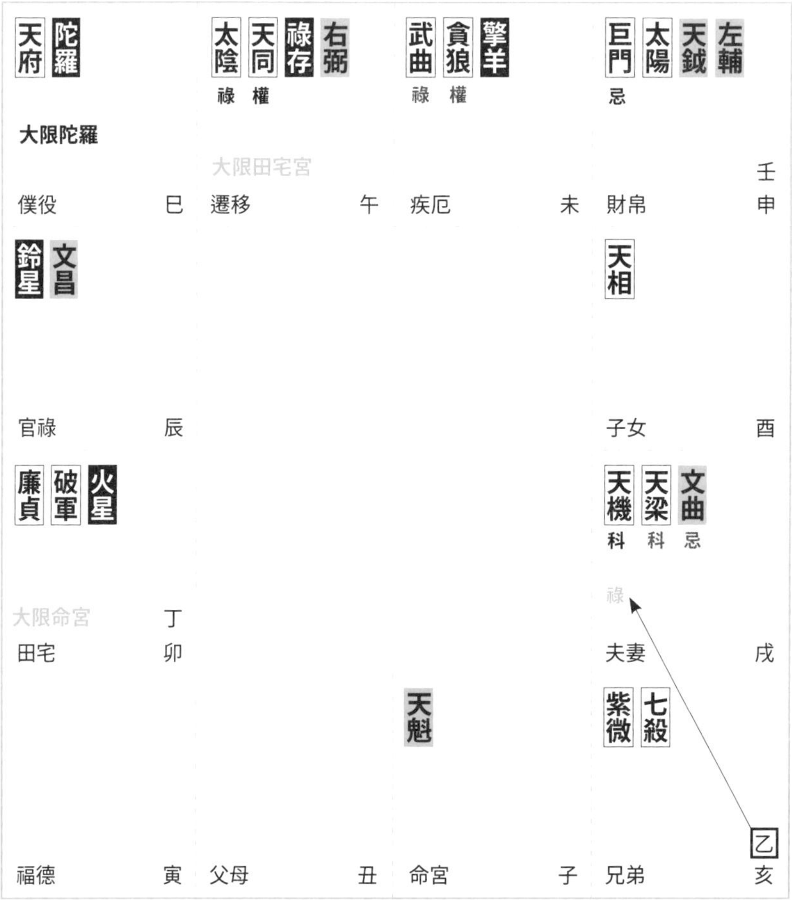

所以我建議她：「其實妳可以試試看創業啊，自己開啊！」我鼓勵她，希望她能從無奈癱軟的麻糬變成有活力彈性的QQ球。

「但是我自己創業，那我家公司怎麼辦呢？我爸怎麼辦？難道公司放給我哥哥搞爛嗎？」她說。

病灶找出來後，就可以開始逐一破解問題了，於是我反問她：「妳覺得妳要的是家裡的錢，財產不能沒有妳的一份嗎？」

「老師你覺得我是愛錢的人嗎？」她不屑的說。

「我不覺得啊。」我很直接的回答。

「那為何說我是要分家裡的財產呢？」她說。

「因為妳好像很擔心錢被哥哥敗光啊，不知道是不是怕自己到時候分不到財產，雖然我覺得妳不是愛錢的人，但是看妳那麼擔心我就試探的問一下。」

「老師，我不在乎家裡的錢是不是會分我啦，更何況我爸一直都說，事業是給兒子，但是不會虧待女兒，我拿錢、哥哥拿公司，你不是也說了我爸爸其實是很疼我的嗎？」

「是啊是啊，我確實這樣認為，妳爸很疼妳，而且妳是他的驕傲。」其實從命盤來說，她下個運限父母宮天府，進入一個運限的祿存，會暗合她的本命財帛宮，她會拿到父親分配的財產，是以錢為主（圖二十八）。

我繼續說：「好吧，那既然不是錢，妳也覺得自己可以創業，看妳的命盤，妳創業也沒什麼問題，只是辛苦一點，但是一個是為家裡辛苦，一個是為自己辛苦，還是選擇為自己辛苦吧！至少不用擔心哥哥的問題。」

「怎麼可能不擔心，我就是擔心我哥，所以無法自己去創業啊！」她著急的說。

「其實就像妳所說的，對於未來分家的方式，妳父親已經安排好了，而且這個方式應該對妳、對他、對哥哥來說，你們三人都覺得合理，對吧。」

「是啊，我覺得合理啊，一方面事業是爸爸一手打造，一方面畢竟哥哥是長子，本來就是該給他。」她說。

「那好啦，我相信妳父親可以白手起家打造這樣一個不小的商業版圖，他一定是智慧過人，很多事情他必然看得比妳清楚，他應該也會為分家做好安排。妳哥哥的問題跟個性，他一定也是瞭若指掌，問題只是情感上無法做出單純為了生意考量的決定。但是錢是他的，事業是他的，他想怎麼花這個錢也是他的決定，我相信他不會不

圖二十八／大限命宮宮干為戊，產生大限祿存在巳位

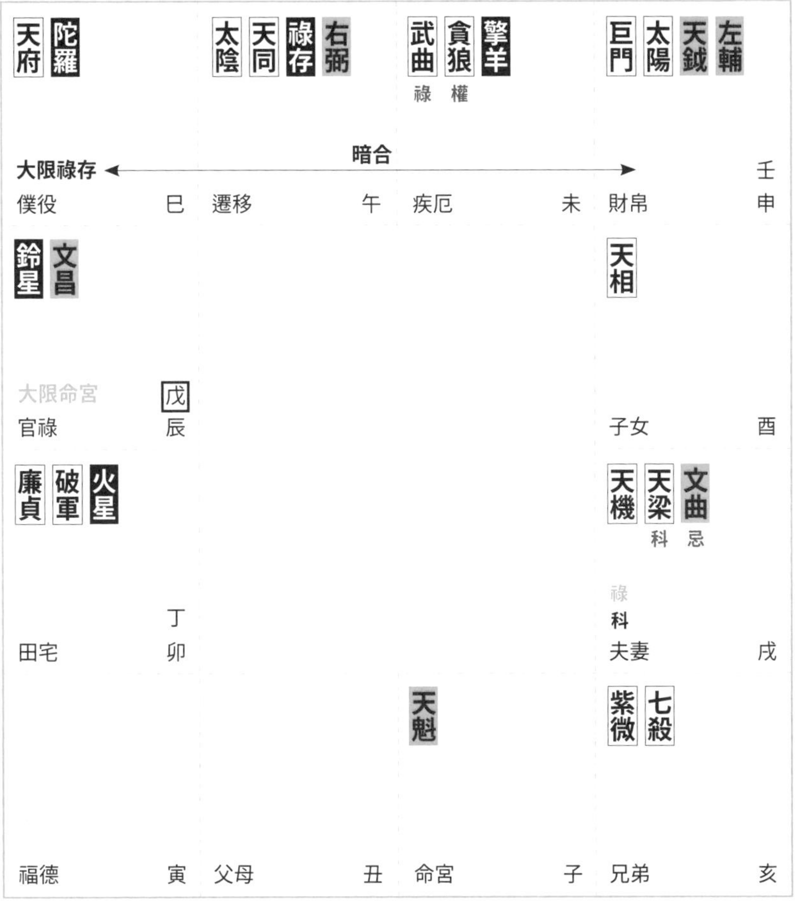

知道問題在哪裡，也不會不知道妳對公司的貢獻。」我慢慢的分析。

「他知道。」她馬上插話。

我繼續說：「所以，這就像是女人買包包男人買超跑一樣，用單純的利益價值來看，到底那個包包能幹嘛、那個超跑一點都不好開，為何還要買？其實很多時候人花錢花的就是一個不理性，人賺錢也是用在滿足自己的情感上面，你父親那麼精明的人他可以忍受這些事情，他就不是用理性在思考這些事情啊，他是用感性在看待（兒子化文曲忌給他，他還有什麼理性可言）。但是依照他的經驗個性跟能力，他一定會設好防火牆，所以妳根本不用擔心，他應該也早就把要給妳的錢準備好了，對他來說，他只是希望可以多給兒子一點機會，真的不行他應該也會提早做安排。妳擔心的只是爸爸的錢沒了，或者是家族的事業沒有了，但是我相信你父親早有防範，剩下的是他身為一個父親對孩子的疼愛或者他的一點點任性吧，反正他白手起家錢是他賺的，他要怎麼花就怎麼花，有錢人買個幾台超跑花個上億，為的就是一個爽字啊。他花錢讓兒子學經驗滿足自己的父愛感，就算是花個上億不也是剛好而已，每個人有不同的價值觀跟在乎的事情以及想守護的部分，所以其實妳根本不用擔心。」

「但是我爸還是會希望我可以幫忙公司跟哥哥，他看到公司賠錢，心情還是會不好啊。」她說。

「嗯，我如果買了一台超跑，卻發現被路人刮傷了，我心情也會不好。」我說，「他當然希望妳可以幫忙，畢竟他認可妳的能力，他當然也心疼他被兒子賠掉的錢，畢竟賺錢不容易，但是他更心疼的是兒子無法接掌好他的事業，而不是錢。」

「沒錯耶，老師你好厲害，我爸確實這樣說過，賠錢沒關係，哥哥可以學會做生意比較重要，錢可以再賺，你怎麼知道他會這樣說？」

「這就是我的專業啊，跟妳說我還怎麼混口飯吃，哼～」終於知道我的厲害了吧。其實從她的命盤來看她的父親，她的本命父母宮空宮，可以借對宮的武曲貪狼，表示她父親是個具備武曲的努力跟務實，並且擁有貪狼的博學跟願意多方面思考可能性的人，加上對面遷移宮的有代表了果決的擎羊，這是一個很有自己想法也很重視感情，算是理性感性兼備的人，而且對於自己做的決定不會後悔，對孩子也很疼愛。因為我自小身處在商人圈內（而且都是白手起家的商人），所以我特別了解商人的思維，對應上命盤的跡象自然可以推論出她父親的想法。

「既然他都這樣說了，所以他也不是在乎錢甚至不是在乎事業，他在乎的是父子的感情以及對妳哥哥的期待，所以所有的傷害應該都在他的控制範圍內，妳可以幫忙當然很好，不行他應該也不會怪妳，既然這樣妳還擔心什麼？」

「我擔心他會受不了會心煩，影響身體啊，畢竟年紀大了。」她說。

「妳放心，他早就想好了，換個角度說，你們兄妹爭吵的話，他一樣會心煩，妳至少可以讓他不用擔心這件事。」我說。

「所以老師的意思是，我自己創業，家裡的事情不用管了嗎？」她好像開始有了決定。

「不是不用管，妳的問題在於對父親跟兄長的感情，以及自己的事業要取得平衡，最好還可以照顧到家族事業，這從妳的命盤來看，妳自己創業沒問題，而且妳創業就不會跟哥哥起紛爭，這樣一次解決兩件事；再來，你父親其實早有安排，他知道停損點在哪裡，所以妳也不用擔心。妳不跟哥哥吵架，和爸爸的關係也得到解決，妳擔心爸爸的事情他自己會安排。最後剩下的是妳哥哥的事業問題，這個部分看起來十年後他狀況會改善，可能因為事業的困境磨練他長大了。」看著她好像明白但是又有點無法接受的表情，我繼續說：「妳一直幫，不但你們關係變差，他也不會長大，讓他自己面對經營，他反而有機會成長，所以他個人的問題就可以得到解決，剩下的他自己的運途請他自己來找我，我們就只討論妳的部分（我順便拉一下生意）。到此為止，妳絕大多數的問題都解套了，最後剩下的是妳對家族的掛心，這個部分我建議就看妳自己怎麼做平衡，妳可以自己創業同時身兼家族公司的主管幫忙哥哥，也可以完全放手，如果心中掛念，那就繼續幫忙，只是要清楚知道公司本來就是哥哥的，讓哥哥自己決定該怎麼發展，妳就是幫忙就好了，就像當年妳大學畢業剛進公司的時候一樣。至於看不過去的事情，那不是妳的問題，妳要尊重哥哥，賠光了也是他的事情，何況妳父親會築好防火牆，這是妳自己要調適的部分了。」

「老師，可是我很難做到不管他耶！」她還在掙扎。

這時候命理師們就要像我的健身教練，在我磅數推不上去的時候，一定要用堅定的語氣來告訴命主說，你可以的。我告訴她：「放心，妳可以的，只是妳要慢慢跟自己說那就是哥哥的，妳只是幫忙，不是管控，因為妳真的要管的是自己的事業。至於哥哥的事業，那是他自己的人生。」

她點點頭說：「這樣聽起來，好像可以耶，至少大多數的問題都解決了。」

到此，終於看到她露出一絲微笑，本來陰暗的神色，彷彿烏雲四散，露出了如月色般的明亮笑容。

「好吧，我就照這樣做，謝謝老師，等我開店歡迎老師來吃飯！」

「沒問題，我就是這樣胖起來的，我一定去吃，哈哈哈哈。」

看著她抬起輕快的步伐，推開門走出去，我知道她不再有那麼多的無奈，更多的是對未來的期許跟自信，不用再糾纏於親人的問題，我想這就是命理師該做的工作吧。

命盤總是可以讓我們理性的做出分析，了解問題並且找到解決方案，但是命理師自身的經驗，以及在與客人的對應間，如何利用命盤資訊去擷取需要的訊息，並且為客人找出可以接受的解決方案，這才是真正考驗命理師的功力。

「準」是命理師必備的條件，但是準度是拿來做為尋找問題跟解方的鑰匙，並非是拿來炫耀跟賣弄的工具，更不是用來恐嚇、洗腦客人藉以斂財的手段，幫助人找到適合自己的人生方向，讓困境中的人為自己找出他自身可以認同的解決方案（不能認同，他就不會去做，不會去做就沒有效果），這樣才是我認同的命理學。

後來沒多久，這位客人有了自己的無菜單餐廳，也投資了露營地，還準備將事業拓展到東南亞，介紹了不少客人來，這就是後面的故事了。

03

被迫還債的二十五歲

煞星用得好，人生沒煩惱

「小芬，這是最後一次了，爸爸的工廠只要過了這個難關，我們家就可以一帆風順了，真的，最後一次。妳大雄叔叔說他正跟國外的買家簽約，就等我們準備好，他就可以下單過來了。這個阿布拉大哥說可以借給我們五百萬，只是爸爸名下已經太多借款，所以才要用妳的名字借，妳簽個名就好，剩下的爸爸都會處理。訂單進來可以賺一千多萬，這個五百萬根本不算什麼。」

聽著爸爸的央求，小芬心中有各種錯綜複雜的聲音，她不知該如何是好……

★**學習點**

1. 如何從命盤給予建議並照顧命主的心理狀態
2. 用立太極推論他人命盤狀況的技巧
3. 疊宮與飛化的應用
4. 羊陀夾忌的看法
5. 煞星改運手法

小芬知道眼前這個笑容滿面的阿布拉大哥其實是民間的信用借款公司，也就是所謂的地下錢莊，但她聽不懂阿布拉大哥跟爸爸說的那一串聽起來很優惠但是又覺得怪怪的借款規則和利息的計算方式。她聽說這種地下錢莊的錢其實都不能借，因為一旦還不出錢會相當麻煩，就算還得起，可能也會有非常不可思議的高額利息。可是，面對父親淚光閃閃的渴求眼神，她如何拒絕呢？

台灣是中小企業的王國，曾經有那麼一段光陰，因為幫歐美日本等國家做代工，讓許多人賺了不少錢，那基本上就是一個吃人工紅利的時代，因為人工薪水低，只要有點企圖心就可以去接代工訂單，自己接單，老婆管帳，全家人或者鄰居幾個人圍在院子、客廳，就可以開始搞個小工廠製作客人要的東西。這樣的生產模式在當時幫台灣創造不少的經濟成長，自己的家當工廠不用租金，自己的老婆小孩當工人不用工錢，鄰居可能是農忙之餘來幫忙或者是收入不高想增加收入，這樣的人給薪也不高，因此當日本經濟起飛，日本人工薪資高漲，他們不願意做的，台灣人可以，在這樣的時代背景下，幾乎是願意做就會賺。這是一個時機財，給了台灣大約二十年的光陰，讓國家累積許多資本，讓百姓有賺錢的機會。

在這個過程中，每個做代工的人都會希望自己可以走出自家客廳，買個工廠做真正的董事長，只是這麼一來原本省下的租金跟人工成本就會出現，如果沒有更大的訂單與更好的獲利，隨之而來的就是各種支出，最後造成虧錢公司倒閉。所以在這個年代裡，一開始很多人賺錢了，接著開始彼此競爭搶訂單，每個人都希望自己能爭取到更大的資源，再來就是真槍實彈的比拚每個人的能力以及運氣了。可想而知最後勝出的必然是少部分的人，多數的人會在洪流中退場。二十年後，台灣開始進入有制度化的中小企業時代，家庭代工被中國的人工取代，如同現在中國的製造能力逐步被越南跟印度取代一樣。當時的台灣隨著人民有錢了，各種照顧勞工的法規開始出現，為了要擺脫仿冒王國以及粗製濫造的惡名，各類對於製造業的法規也跟著出現，這代表著台灣將往一個已開發國家完善的社會制度跟可以被信賴的產品生產國前進，當然那種用生命拚搏、用年歲當成本建構出來的低價勞工世界就開始消失。同時間為了更有競爭力必然是往技術專業發展，這也造就了現在台灣在許多產業中有很多的隱形冠軍和獨步全世界的製造技術。在當時，賺了錢之後是否有能力管理更大的工廠，有了工廠是否有能力創造更多訂單來因應擴充出來的產能，而有了工廠有了訂單是否能夠有眼光在技術上提升跟轉型，面對即將崛起的中國低價製造工人，每個環節只要一步踏錯就會把之前賺的都吐回去，白白的讓自己瀟灑走一回，只剩下一個能說給兒孫聽的，那個父親爺爺的曾經。

在那個年代，許多台灣企業成為世界級企業，台灣以中小企業為產業主軸，逃過亞洲金融海嘯，在疫情時期有足夠能力應對，讓股市大漲超越韓國香港，如今成為亞洲經濟強國。這當中，有人陪跑了一段路，但是他們可能受限於眼界跟能力被留下來了，到頭來頂多也只能說他們好像黃粱一夢，夢醒了只能回歸平凡的生活，可惜有許多人早就已經倒在沙湯上被市場浪潮不斷的衝擊，卻還是不願意醒來。許多的老闆會開始尋求各種資源尤其是資金，以為只要有資金就可以翻身，以為自己只是缺一個機會，殊不知資金往往是生意中最不需要的一環，如果自己的生意有足夠競爭力，根本不會缺錢。但是華人的教育是不教我們商業觀念的，台灣經濟在發展的過程中快速而扭曲，是被時代推著走的，許多人根本不知道自己為何賺錢，當然也不會知道自己為何賠錢，沒有足夠的知識去做轉型是當時代台灣許多土法煉鋼的中小企業主面對的困境，也是所謂地下錢莊最猖獗的年代。

金錢說到底還是被擁有知識的人獲得。做生意卻不懂得用基本的利息計算獲利分析來了解資金調度狀態的老闆，比路上的野狗還多，小芬的爸爸其實也只是其中之一。而這時候女兒是他最後的希望，為了男人的尊嚴、人父的面子，他無論如何都要拚一把，相信所有的屈辱都會在拚過去之後得到回饋跟補償。人在這個時候往往就會掉入了思考的窘境，因為他不再給自己其他的選項，他只給自己一條路。當你只有一條路能選的時候，即使你看得到路上有老虎，你也會安慰自己或許運氣好不會被老虎吃掉，或許老虎看不上自己，或許可以打贏老虎，可惜的是，當人只看得到一條路，一定是神智不清的時候，各種給自己打氣鼓勵與肯定的理由，也只是安慰劑罷了，沒有什麼用處。

小芬在父親的情緒勒索下，即使不太明白，但是再怎麼說都比父親多讀了幾年書，也上網查了資料，可她明知道這錢是不能借的，卻還是簽名了。她想著也就是五百萬的債務，她努力上班應該可以還得起吧！頂多就是十幾二十年的生活差一點，如果找個男人嫁了或許可以幫忙分攤呀！至少……名字簽下去，爸爸是快樂的，或者爸爸真的好運來了就一舉翻身了呢！

同樣的，當人只給自己一條路選擇的時候，就會開始自我催眠，幫自己找到各種理由。小芬拿起筆簽了名，弱弱的告訴爸爸「加油我們都會支持你」，轉頭讓自己擠出堅定的語氣告訴阿布拉大哥：「這是我幫爸爸借的，你們要照規矩走讓我爸爸好好做生意喔！」

故事發展就是那麼的如台八劇般灑狗血、樸實而無華，五百萬不夠再五百萬，然而訂單卻一直沒來或者開價不好，隨著時間的推移，利息增長，這筆錢在短短不到兩年已經變成了兩千多萬，完全超過小芬當初想的頂多就是苦二十年，就當作還父親二十年的養育之恩，自己苦一點就可以解決的範圍了。兩千多萬的債務，一個人正常工作不吃不喝一輩子都還不起。但是爸爸的夢還沒醒，即使阿布拉大哥本來為了業務演出的笑容已經回復到原本的滿臉橫肉狀態，也物理性的敲打小芬爸爸的身體，沒想到爸爸卻更加的躲進夢裡，因為現實實在太可怕了。於是阿布拉大哥開始把眼光轉向了年輕的小芬，或許年輕的小芬的肉體比較有機會償還兩千萬，畢竟當初簽名的也是女兒，借錢的原本就是女兒，由女兒來償還很正常。

「為了你爸爸，小芬要不要考慮一下做些喝酒、睡覺，開開心心簡簡單單就可以賺錢的事情呢？不用讓爸爸這麼辛苦，搞不好努力一點錢還完了，還可以為自己賺個房子當嫁妝呢？」這時候阿布拉大哥滿臉的橫肉又開始努力堆出笑容了。

小芬當然不願意。但是不願意又能怎麼辦呢？

在詢問了身邊的朋友之後，畢竟上班族的朋友圈也都是上班族，兩千萬是一個上班族難以想像的數字啊！正當小芬愁於身邊沒人能給她建議的時候，有個同事恰巧知道我——這個從小做生意，具備滿滿的商業跟金融知識的命理師。於是她找上我了。

✦✦✦

在一個陰雨的下午，外頭的爛天氣好像呼應著小芬的人生劇情，淒風苦雨，當時臨靠山邊的教室散發著溼氣霉味，既蒼白又淒涼。小芬打開教室的大門，正要走進來時，我問她：「有預約嗎？應該沒有對吧？妳看來很年輕，我不算那麼年輕的客人，年輕人人生要自己努力，不要來找命理師幫妳決定……」

我的話還沒說完，她眼淚就掉下來了，但是我還是想讓她走，我心想這樣梨花帶淚又漂亮的女生，大概是為了男人哭吧，這有什麼好算的，遇到渣男分手換下一個就好，沒想到所為的男人是爸爸。

她說：「老師，我從苗栗轉了三次車才來，你可以先聽一下我的事嗎？」

看著小芬的眼神，直覺告訴我，事情不是我想的那樣，於是我依照她進門的時間觸機，隨手起了一卦，陀羅星、武曲七殺，而且武曲化忌在田宅宮疊了父母宮，看來是因為家裡的事情、跟錢有關係，一瞬間我彷彿看到年輕時幫家裡還債的自己，我說：「好吧，妳進來，雨傘放旁邊就好，天氣冷要不要喝個熱茶？」我招呼她坐下。

「老師，這是我的命盤（圖二十九），我同事幫我從網路上排出來，我印下來的。」

圖二十九／命盤

天相 子女 巳	天梁 天魁 文昌(忌) 夫妻 午	廉貞 七殺 兄弟 未	陀羅 文曲(科) 命宮 申
巨門(祿) 財帛 辰			祿存 父母 酉
紫微 貪狼 疾厄 卯			天同 擎羊 福德 戌
天機 太陰 鈴星 天鉞 左輔 遷移 寅	天府 火星 僕役 丑	太陽(權) 右弼 官祿 子	武曲 破軍 田宅 亥

我看了她的命盤問：「妳是為了爸爸欠錢的事情在煩惱對嗎？」沒想到她直接淚崩大哭，我雖然是命理師，但是我個人實在是不擅長處理這樣的場面，只能遞上紙巾，等她心情平靜一點，聽她跟我說前面那一段故事。

聽完故事，我問她現在有何打算，雖然我知道她的回答一定是「老師我不知道該怎麼辦」。

情緒平靜一點之後，她順了順語氣問我：「老師，從命盤可以看到我是不是一輩子就欠家人啊，有老師跟我說我就是來還債的，所以這輩子要為家人付出一生，而且也因此沒有婚姻，最好的方法就是去修行耶。真的是這樣嗎？」

「喔，那妳有問那個老師，修行會讓妳長錢出來還債嗎？不然兩千萬妳要怎麼還，這不是一個一般上班族還得起的數目，還是妳有考慮去酒店上班，肉身修行？」不知道為何我的長相只要認真說話就非常滑稽，她忍不住笑了。

「老師，我就是不想去，而且我也覺得光靠修行根本解決不了問題，我同事跟我說，他看你的文章覺得你是很不一樣的老師，所以讓我來問你。」她說。

「我不一樣喔，我只是願意面對現實而已。我跟妳說，我也幫爸爸背過債，但是我比妳好一點，我有一間家族的公司讓我有翻身的基礎，妳的問題是妳只是個上班族。不過這也不是完全沒有辦法，我們來想想看該怎麼辦。」看她心情穩定了，我才開始與她一起想辦法。

一個人在情緒中是無法思考的，無法思考當然就無法把意見聽進去，人要能夠聽下別人的意見，要不就是催眠式的洗腦植入，像宗教團體那樣，植入的也不是思想而是信念，你只要照著做就好了。要不就是在能夠理性思考的時候，透過自己的思考讓別人給予的建議深化進自己的潛意識中，內化成自己的信念，改變自己的想法然後去執行，為何要這樣做呢？因為人在做熟悉的事情是簡單的，做不熟悉的事情是困難的，而人通常會在遇到困難的時候，選擇簡單的事情（熟悉的事情）來做。但是一個人的命運是由環境跟自己的行事作風所組建而成，既然無法改變環境（例如畫一道符讓爸爸債務消除），就必須透過改變自己的行為去扭轉命運，這時候必須要抵抗的就是自己的習慣。這當然相當困難，因為需要自己認同跟接受，並且理解成為自己的信念（這也是催眠中改變人的潛意識連帶改變人的壞習慣的基本手法）。所以我需要在她情緒穩定的時候，透過跟她一起討論命盤，來幫她建構新的想法，改變她的命運。了解催眠的人就可以知道，其實命理師在算命的過程中，就已經建構出催眠的基本要件，可以不斷的透過引導手法讓個案幫助自己改變，這也是我常用的方式。

「所以老師認為我其實不是這樣的命數嗎？」她好奇的問。

「命盤上可以看出來妳會遇到這些事情，但是人生不是無法改變的，就像醫生能看出妳生病，當然也能幫妳找回健康的人生，否則還要醫生幹嘛？但是過程中也需要患者配合、一起面對。我可以幫妳找方法，但是妳要相信我，並且要努力去做到我給的建議。」我的話還沒說完，她就一直點頭說著：「我可以我可以，只要不是奇怪的事情。」

我接著說：「妳放心，絕對不會是要在身上畫符作法這類的事，是妳可以做到而且合乎常規的。我們先來看看妳的命盤，先找出為何妳會遇到這樣的事情以及妳的問題在哪裡。」

從命盤上，我們可以看到，她的父母宮化忌到她的財帛宮，而且本命命宮為一個人的第一大限，第一大限命宮天干出現的陀羅，對宮有本命的擎羊，最後補上父親給她的化忌，所以造成財帛宮、福德宮出現了羊陀夾忌的情況（圖三十）。這表示她在國中時期就要面對父親造成的財務問題，不過因為同時間還有個天相星跟祿存星在她的子女宮，也是父親的財帛宮，武曲破軍在父親的福德宮，表示父親希望有一番作為，完成自己的夢想，什麼夢想呢？跟錢有關係的夢想（武曲為財富，破軍為夢想），並且在外面透過不錯的人際關係而有賺錢的機會，只是因為工作上有個廉貞化忌，所以希望自己可以快速的賺錢，沒有真正的一步一腳印的做（圖三十一）。

圖三十／第一大限及父母宮造成的羊陀夾忌

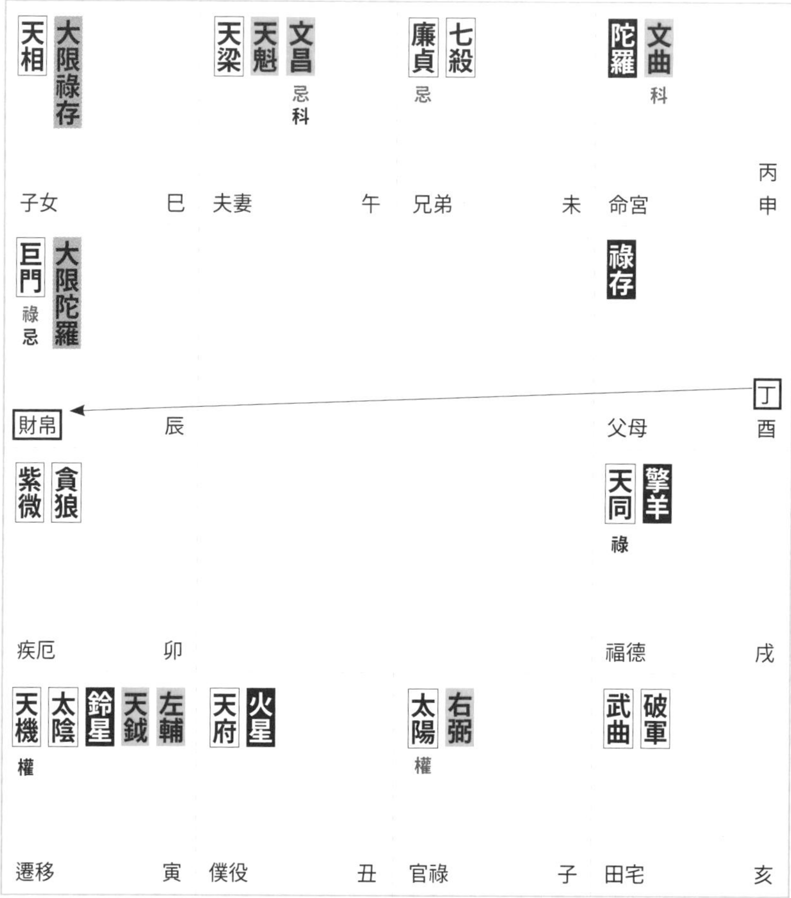

圖三十一／以父母宮當父親的命宮

天相 大限祿存 **父親財帛宮** 子女 巳	天梁 天魁 文昌 忌 科 大限擎羊 **父親子女宮** 夫妻 午	廉貞 忌 七殺 兄弟 未	陀羅 文曲 科 命宮 申
巨門 祿 大限陀羅 **父親疾厄宮** 財帛 辰			祿存 **父親命宮** 父母 酉
紫微 貪狼 疾厄 卯			天同 祿 擎羊 福德 戌
天機 權 太陰 鈴星 天鉞 左輔 遷移 寅	天府 火星 僕役 丑	太陽 權 右弼 官祿 子	武曲 破軍 **父親福德宮** 田宅 亥

這表示父親其實在那個時間點是有賺錢的，只是那個賺錢的生意危機四伏，因為以她的父母宮當父親的命宮來說，丙天干剛好會有一個陀羅在父親的疾厄宮，擎羊在父親的子女宮，搭配上同時間等於父親的疾厄宮也是羊陀夾忌（父母宮天干造成的巨門化忌），而代表合作的子女宮又有一個擎羊，旁邊有文昌，這都是為日後埋下出問題的跡象。

我們常說，一個大限最重大的事情往往發生在大限的第一年跟最後一年，以這樣的組合來說，她父親有賺錢但是錢好像留不住，還有合夥人跟自身的問題，所以往往不會是在大限開始，會在大限結束最後一年，畢竟要先做生意才知道那裡有問題。在大限最後一年也就是她十六歲要升高中的時候，父親的生意開始出現了狀況，但是從第二大限來看，她自己的大限命宮是在丁酉，空宮有祿存星，同時間代表這個大限父親狀況的大限父母宮卻進入了羊陀夾忌的狀態，這時期的父親應該是希望可以簡單動嘴就賺錢，當年許多做貿易的人都是如此，可惜根本無法一直如此。

一起來看看她父親的財帛宮，剛好是她本命的夫妻宮，會出現因為大限天干造成的祿存，有祿存當然就有羊陀，加上原本就有的文昌化忌，這形成另外一個羊陀夾忌。我們上課時常說，化忌如果有化祿來補那是相當不錯的，所以不用害怕化忌，問題是如果一個人命宮、財帛宮同時間都在空缺，而且缺的時候還都補上羊跟陀，擎羊代表了自己的堅持，陀羅表示自己不知道該如何是好卻仍有某種固執，擇善固執當然很好，但是這些人就是無視自己命宮、財帛宮的問題一路固執下去了，因此這是一個看起來有賺錢機會，但是其實只是期待賺錢的機會（人會固執通常都是因為自己覺得有機會，在愛情是如此，在事業也是如此，否則為何要堅持呢？）更別說這樣的財帛宮狀態，這種自以為是的理財賺錢觀念還化忌給代表賺錢能力跟方式的福德宮，造成福德宮太陽化忌，希望可以主導局勢卻無法主導（太陽為主導的星曜）（圖三十二）。

圖三十二／命主第二大限，以父母宮當父親的命宮

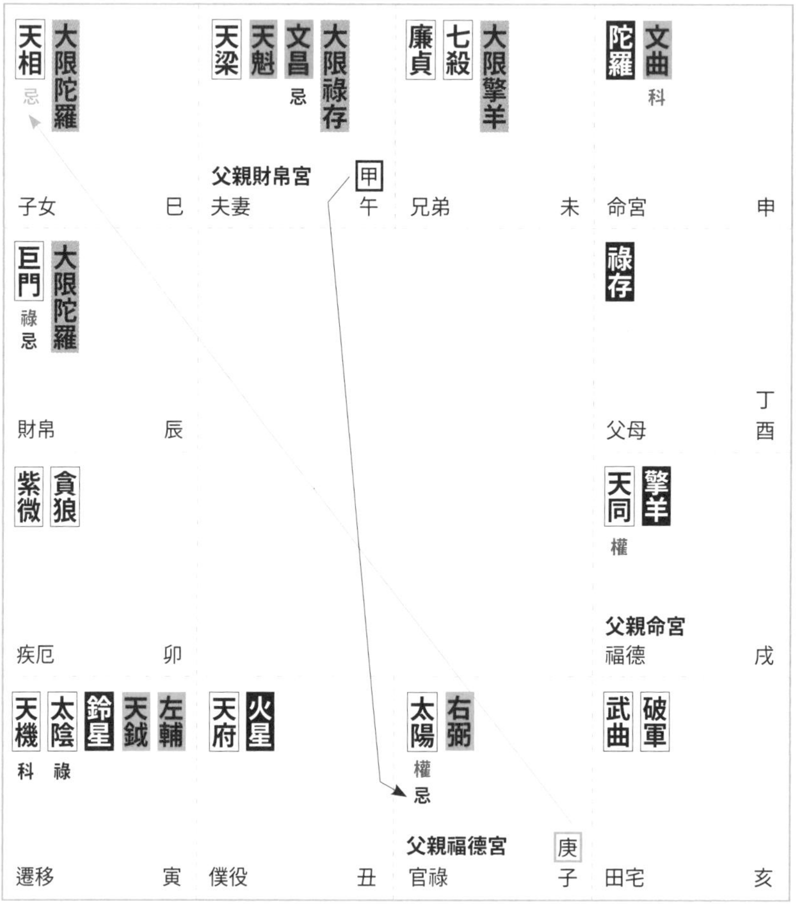

而父親此般賺錢能力的問題，又從福德宮的宮干造成了命主本命子女宮天相化忌。在紫微斗數上，飛化應用最基本的概念就是a宮位造成b宮位變化（四化是四種星曜的變化），例如代表自己的命宮化祿給代表感情的夫妻宮，表示這個人的個性跟生命價值觀讓他的感情很豐沛（化祿是多出來的意思），所以通常也會說這個人因為個性很受異性歡迎，至於是怎樣的個性要看星曜，不見得是風趣幽默，也可能是願意花錢約會。並且我們也可以看出，有人「很好心的」一直借錢給父親（天梁星），但是因為對宮是落陷的太陽，躲在陰暗處的陽光顯然就不是正大光明的，這個錢來得不太正常，搭配文昌化忌，有合約問題，這可以判斷是民間借款。

以這張盤來說，她父親的這種賺錢方式和理財觀念，造成了她的財庫會破損，怎樣的破損呢？因為天相星代表了一種人跟人之間的約定，如果天相化忌，表示因為約定而產生的空缺，誰造成這個因為約定而產生的空缺呢？答案是父親那個想要賺錢的潛意識跟賺錢的模式（父親的福德宮），所以這一般會引申出有契約跟法律問題，也同時因為是命主自己的大限財帛宮，當然也造成命主這個大限破財，而且是因為合約問題，沖到對面的福德宮，表示命主需要用不同以往的方式努力賺錢（對宮武曲，武曲是努力，破軍是大破而大立，可以說成是不同於過去認知的方式）。

化忌，因為人產生空缺，造成動力，有空缺就要去彌補起來，所以也讓人產生動力，這個動力當然可以讓她選擇去酒店上班或者想其他的方法，但是本命夫妻宮（官祿宮的對宮）有代表正途功名的文昌，以及命宮有代表糾結的陀羅，讓她希望自己多努力一下，可以做正常的工作。

因此在大限的最後一年，整個情況終於爆炸之後，她在最後關頭找上了我，也就是那顆陀羅堅持到了最後一刻，在換大限前的最後一個月。這時候通常下一個大限也就是戊戌的那個大限，已經開始影響她了。或許我也可以算是那個她大限財帛宮上的天梁貴人星，畢竟我們命理師的工作也不算什麼太正規的工作，所以符合對宮的落陷太陽，而大限這時候在她的財帛宮出現了大限擎羊，表示她可以有決心做很多事情。

到這裡必須解釋一下，可能有人會疑惑為何地下錢莊跟我都算是那個天梁星，即使故事沒看完大概也猜得出來我應該是幫她想辦法處理了債務，但是地下錢莊卻不是，其實這是用了我們自身的價值觀來判斷才會出現的疑惑，試想一下如果父親跟地下錢莊借了錢而且真的如預期拿到訂單了，難道這個阿布拉大哥不會被視為是救世主嗎？問題只是在於沒拿到。紫微斗數看的是實際影響力，不能考慮世間法律，因為歷朝歷代的法律不同，這個所謂地下錢莊的利率在某些朝代可能算是很好的，所以我們判斷，這可能不是社會上的正常管道，或者說不是社會一般認知的管道（太陽落陷，太陽代表了主導的、一般社會價值認定的，落陷會有隱藏性的意思，可以解釋為法律模糊地帶或者是非主流價值）。而上個大限天梁加上祿存，這表示有拿到錢，到了我這裡沒有化祿沒有祿存，我一毛錢也沒給，所以這是完全不一樣的事情。不過我這命理師也是非主流的貴人，所以可以算上我一份。總之，接下來要從戊戌的大限來考量這個事情了（圖三十三）。

圖三十三／命主第三大限

天相 大限祿存 子女 巳	天梁 天魁 文昌(忌) 大限擎羊 夫妻 午	廉貞 七殺 父親財帛宮 乙 兄弟 未	陀羅 文曲(科) 父親子女宮 命宮 申
巨門(祿) 大限陀羅 財帛 辰			祿存 丁 父母 酉
紫微 貪狼(祿) 疾厄 卯			天同 擎羊 大限命宮 戊 福德 戌
天機(忌) 天陰(權) 鈴星 天鉞 左輔 父親田宅宮 庚 遷移 寅	天府 火星 僕役 丑	太陽(權) 右弼(科) 官祿 子	武曲 破軍 父親命宮 田宅 亥

從大限來看，將代表爸爸的父母宮當成爸爸的命宮，連帶去看爸爸的財庫子女宮跟田宅宮，完全沒有出現一點錢財進去的跡象（要有化祿或者祿存），而官祿宮也無法造成財帛宮或是子女宮田宅宮化祿，表示靠父親的工作賺錢應該是沒辦法了。但是我們卻可以發現父親的財帛宮有化祿到田宅宮，是天機化祿，旁邊是太陰星，太陰星在田宅宮會跟房產有關係，回頭去檢查上個大限跟上上個大限的田宅宮會發現，在第一大限的時候父親的子田線有個天梁星，這通常可能是家裡有祖產，如果從命主的第一大限去看，會發現她的財帛宮（福德宮的對宮）有化祿給這個天梁星，如果福德宮當成父母宮的父母宮，這表示她的祖上有財產給父親（圖三十四）。

圖三十四／本命財帛宮造成父親的子女宮天梁化祿

天相 子女 巳	天梁 天魁 文昌 祿 忌 **父親子女宮** 夫妻 午	廉貞 七殺 天刑 兄弟 未	陀羅 文曲 科 命宮 申
巨門 祿 **祖上遷移宮** 壬 財帛 辰			祿存 丁 父母 酉
紫微 貪狼 疾厄 卯			天同 擎羊 **祖上命宮** 福德 戌
天機 太陰 鈴星 天鉞 左輔 遷移 寅	天府 火星 僕役 丑	太陽 右弼 權 **父親田宅宮** 官祿 子	武曲 破軍 田宅 亥

我問她大約國中升高中的時候，父親是不是有拿到遺產，她說有，那是鄉下阿公留下來的土地，沒什麼用處（所以命盤上跡象不清楚，如果很值錢，命盤上就會很明確）。我請她告訴我土地的大略位置，接著請我認識的銀行幫她估價，確實是不太高的價格。她當時的負債大約是兩千萬，那塊在屏東的土地大概只估出八百多萬。我跟她說沒關係，現在至少有八百萬了。我們重新盤整一下，現在可以看到的是，欠債兩千萬，然後有八百萬，但是父親已經沒有還債能力了，只剩下她。

這時候她想起其實他們家有房子，她住的地方就是自己的房子，只是老屋子不大值錢。

「那為何不賣掉房子呢？」我訝異。

「我爸說賣了就沒地方住啊！」她說。

「這個世界上有租屋這件事情，妳知道嗎？」我依舊訝異。

「我爸說租房子只是幫房東賺錢，要有自己的房子才好。」她無奈的說。

「才不是這樣，你們家的房子其實是銀行的，因為你們有貸款，然後地下錢莊的利息遠遠高於銀行，所以你們是雙頭在付錢！」我沒好氣的說。

其實我很能想像她父親說那番話的場景。台灣或者說很多華人喜歡當老闆做生意，卻連一點基礎的財務觀念都沒有，所有的財務觀念都來自於口耳相傳跟道聽塗說，就像對命理的迷思跟宗教的迷信一樣，買了房子感覺自己有了房子有個家，其實只是背了一個自己無法負擔的債務，開了公司只是燒錢去拿一個董事長的虛名，實際上根本沒有能力賺錢。這種危難的時候女兒都要被抓走了，還留房子幹嘛？我問了一下房子的情況，馬上幫她估價，就算房子不好賣也賣不了什麼錢，何況還有貸款，但是如果有機會賣，大概可以再多出三百萬，這下子好了，湊到一千一百萬的償還資金了。

很多時候命理的諮詢不能只有看命盤，而是需要依據實際情況跟命盤相對應，才能為命主找到方向。命理學是精密的分析推論科學，不是神通，這是我一直強調的。

知道了她的實際情況之後再來看命盤，就可以了解到，為何她的大限官祿宮也就是父親的田宅宮，會化祿到她的大限福德宮，暗合她的田宅宮，而同時間田宅宮的對宮子女宮（外面來的）廉貞七殺還有天刑，這是某一種非正規的箝制力量，甚至是有殺傷力的箝制力量（廉貞化氣為囚，天刑是無由來非自己引起的傷害），加上對宮的火星，造成她失去財庫。這表示她這個大限是賺錢都存不了錢的，而且工作非常辛苦。大限夫妻宮有陀羅、大限官祿宮有鈴星，整個夫官線上滿滿的煞星繞來繞去，讓人找不到出路的感覺，我很能感同深受。但是命盤神奇的地方就在這裡，它總是可以為你留出一條活路。

我跟她說：「首先妳要有心理準備，妳這十年基本就是要還債了，而且賺不到錢，但是妳的問題，這十年可以解套，為何呢？因為下一個十年比這個十年好。基本上就是這個十年還債，下個十年為自己努力。雖然還是有各種開銷，看起來也無法存到錢，但至少是為自己努力，再下個十年就大幅度轉運了。」

如果我跟她說妳至少要努力二十年，那一般人可能就直接放棄掙扎了，所以我先說十年沒問題，因為也真的是可以還完債務，從37歲開始到46歲再為自己努力，晚年過得不錯也很好呀，人要先有動力才能前進

我用我的大限經驗很篤定的跟她說下個大限很棒（也是真的啦，至少比現在好）。

「好，如果十年可以搞定，那我可以努力，但是我們的土地不好賣，房子不能賣，就算可以賣掉，錢也不夠，到底要怎麼辦呢？」她一邊擦著眼淚，雖然不安但是情緒至少比較緩和了。

紫微斗數命盤上的每個星曜，其實都代表了自己的態度、個性、能力等等的要素，或許會有煞星讓我們覺得不安跟痛苦，但是煞星其實也代表了我們天生的性格，所以煞星應該是可以被我們所利用的。這時候的她隔年將進入戊戌的大限，這個大限有她天生的擎羊星，擎羊是一種堅持，所以她天生堅持的個性在這個運限會極大化的展露出來，而這個宮位也剛好是她的福德宮，表示她願意為了自己的精神靈魂、運勢還有賺錢的機會去做很多堅持，這就會是一個機會了。很多人面對問題的時候無法解決，不外乎兩個原因：其一是不知道方法，其二是沒有決心。她有了決心，剩下的就是方法，而通常我們生命的問題也可以在兩個方向找到解方，其一是現實中的社會經驗與資源，其二是命盤上的指示，兩種相輔相成，都很重要，這也是為何命理師要有足夠的社會經驗。以她的盤來說，首先要做的是跟地下錢莊談判。

我跟她說：「妹妹（她的年紀實在太小了），我們一步一步來，我說的每一件事情妳要記好，然後一分不差的去執行，妳就會有機會改運。首先，妳要知道這些人要的是錢，真的把妳帶去酒店上班，對他們來說還錢速度還是太慢，而且這兩千萬其實不是你們真正的債務，你父親欠的錢應該早就還清了，這是高利貸，所以對他們來說，能拿越多越好，就算沒拿到也不算虧本，他們只是求財，若真的要拚命，那搶銀行更快，所以問題在於大家方便拿錢而已。這個「方便」包含他不用付出太大的代價。所以，妳回去代替父親去談條件，談兩個要點：第一，你們有這些房產，所以房產給他們，我剛剛是請銀行估價，銀行的估價通常會比市價少兩成以上，何況你們屏東那塊地還是偏鄉農地，所以妳直接說這些房產土地價值一千五百萬，妳要直接給他們，抵掉一千五百萬的債務。」

「給他們？那我們住哪裡？」她停頓了一下，她知道我會想辦法，所以等著我說出接下來的答案。

「對，這個是重點。妳跟他們說，房子給他，然後妳再繼續跟他租房子，妳每個月一樣付租金給他，還可以付比市價行情高一點，他不只拿了房產還有租金收入，妳又是房客，不會跑走，他安心。然後還有五百萬對吧，妳就跟他說，這是妳父親借的本金，早就還清了，這些都是利息產生的，當然妳也認同借錢本來就要算利息，但是金額真的太高，妳根本沒辦法，所以如果他還是要後面的五百萬，那乾脆叫他把妳爸爸抓走好了，看要賣腎還是賣什麼，反正他讓你們一家這十多年活得不像人，你們早就不爽他了，快帶走。妳這時候要把妳的刀子拿出來（擎羊在八字裡叫做羊刃，是一把有決心的刀子，我有跟她解釋了一下，不是真的要拿刀子）。然後妳跟他說，既然爸爸都被帶走了，那房子跟土地妳就不給他了，那是妳的嫁妝跟父親沒有照顧好妳的代價，妳要跟他拿的。」我替她擬了一套作戰方案。

「哇，這麼狠喔，這樣行嗎？」她訝異的說。

「別忘了他們是求財不是求命，要錢不要命，他們根本不要你爸的命。」我很肯定的告訴她。

其實，這就是擎羊好用的地方，跟這些凶神惡煞打交道其實不容易，但是只要找到他的需求，而且大家都只有一條命，當你不在乎的時候就換他要在乎了，問題是這不是一般人能夠做到的事情，這時候擎羊的力量就可以發揮出來，我問她：「妳想想妳可以嗎？」

她說：「我爸真的會有事嗎？」

「不會，無論他們對妳爸做什麼，妳只要報警，他就犯法。妳想，他是要等著坐牢還是拿走價值一千五百萬的東西，還能當包租公？」我很堅定的跟她說。

「好，那我試試看」，她想了一下鼓起勇氣這樣說。

「嗯，如果過程中出現任何威脅，任何物理性的勸導，例如讓妳爸哪裡受傷來規勸妳，妳就直接堅持只要他動手那就沒得談，妳直接報警，他一塊錢都拿不到。當然他也會說要到妳工作的地方鬧或者是對妳怎樣，妳就說那妳房子賣了妳出國去，不想要再為了這個爛人浪費人生，話能說得多絕情就說多絕情。另外，如果妳害怕，可以找個里長還是年紀大的人跟妳一起去，做見證，甚至可以在警察局，妳就說需要有公正人所以找警察公證，然後妳會準備好錢。一般來說他們會願意，因為這不是什麼上億的錢，他到目前為止也沒真的犯法，他只是利用恐嚇希望壓榨得更多。」

「老師，如果他只是要拿得更多，那我直接跟他說我都不給就好了啊！」她忽然靈光一閃的說。

「不行，除非妳真的很冷血，因為這樣他還是有可能會對你們動粗，況且妳家那些資產反正根本賣不掉，乾脆脫手給他。最後，如果他還是很堅持，妳又覺得妳扛不住壓力了，妳可以跟他說妳再給他兩百萬，但是要分期付款，妳每個月給他兩萬給十年，不要就拉倒。命盤上來說，妳的福德宮化權，一方面妳的精神意志力應該足夠完成這件事情，另一方面妳看來要兼兩份工作（福德宮代表了賺錢的機會跟方式，化權除了掌控也有兩個的意思），能夠談成，妳就是好好工作養家而已了。」

「這樣真的可以嗎？」她還是有一點點猶豫，畢竟本命的命宮有陀羅星。

「放心，一定可以，而且妳明年會找到更好的工作，所以沒問題的。」

其實我沒有看她是不是明年有好工作，但是她的財帛宮有天梁，整個大限會一直有賺錢機會，加上人在遇到困難的時候，往往意志力戰勝一切，所以給她信心會比什麼都重要，當然這個意志力要放在對的地方，像她爸爸那樣的意志力，就只是靠著自己的努力走向滅亡而已。

那麼為何我敢這樣建議她呢？誠如前面提到的，解決問題一要靠社會經驗，二要靠命盤，她的命盤上提到了那個借錢的過程其實是有天梁星在的，表示人家確實沒有真的要打要殺，而從社會經驗來說，這些民間借貸業者也確實是可以商量的，但是要有好的條件去商量。再加上命盤上有一個原則，盤上看到的煞星，不可否認的會是你的傷害，但是那也是你可以扮演的角色，也就是說當你不要命了、不顧一切，那就看看誰比較狠，不見得是對方。這一來一往之間可以為命主帶來很大的談判空間，問題是她要能做到，還好她當時是帶了煞星，還有巨門化祿，表示她是很敢講的人，所以機會很大。

雖然我原本是不幫25歲的年輕人算命，但是年紀只是一個數字，這個命主其實心智成熟度早就超過她的年紀，需要負擔的事情也早就超過這個年紀，所以我還是忍不住打破規則幫她盤算，並且鼓勵她。在她走出大門的那一刻，我看見她眼中出現找到方向的信心。當然，故事的後續也很簡單，她還把我建議的一千五百萬改成一千八百萬，後來彼此殺價談判到對方還打趣問她要不要去他們公司上班，因為覺得她很厲害。最後果然如預期的以一千五百萬談定，命主簽了一張一百萬的本票沒有利息，但五年內要還清。

從她離開我的教室到事情談好，大約兩周，她很開心的捎來訊息告訴我事情談成，再過兩年，她報名了我們學會的紫微占卜牌卡課程，因為她兼了三份工作努力賺錢，但是她也希望自己可以幫助別人，時間不夠，因此從簡單的牌卡開始，來報名的時候，她已經年收入近兩百萬了，雖然這是三份工作換來的。她臉上洋溢著滿足感帶著禮物前來跟我道謝，殊不知我在她離開後，眼眶中也堆上了滿滿的淚水。

很多人覺得算命沒用，因為算準了表示無法改變，算不準那算命幹嘛？還不是要靠自己？但是就像天氣預報準確的跟你說有颱風要來，減少颱風對你的影響不還是要靠你自己嗎？會用這樣的說法來論斷的人，通常是邏輯不好或者是被其他無良命理師欺騙過的人，這也是我們努力推廣教學的原因。煞星真的不只是我們人生的困境，也是我們的動力，煞星用得好，人生沒煩惱，我命絕對可以由我不由天，只看你願不願意以及是否能夠找到好的方式。

04

斬不斷的前世姻緣

所遇非人是因為前世糾葛嗎？

「說實在的，我真的無法拒絕前男友，他沒有我，生活一團亂。」

「那妳怎麼不乾脆跟他復合？」

「不行啊，他又花心又沒工作，而且現任男友對我真的很好。但是前男友真的很可憐，我怕他沒有我會去死耶，老師你覺得他會去死嗎？」

「妳放心，會去死的通常都是自己默默的去，不會找妳哭哭啼啼的。」

這是讓我印象頗為深刻的客人，為了感情問題來到命相館找我。但在此之前，她還去找過多位師兄師姐，甚至請了關刀要斬桃花，卻仍為感情所苦。我也曾在《紫微攻略5．愛情》稍微提到這個故事，現在終於有機會跟大家聊聊她的命盤中的感情跡象和事件。

★**學習點**

1. 用官祿宮看另一半的狀態
2. 戀情出現的時間點
3. 命盤上無法斷情的原因
4. 以真實的事件去對應運限盤上的呈現

「寶貝你要相信我，我跟他真的沒有什麼！」

「沒有什麼的話，為何他會在妳房間裡？」

「他最近工作有點問題，心情不好來找我訴苦，他沒什麼朋友，我不幫他，他很可憐啊！」

「聽他訴苦可以在外面咖啡廳，為何要到妳房間？」

「他知道我家，一直苦苦哀求我讓他上來啊！我想這麼晚了，也沒什麼地方去，就讓他上來聊一下而已。」

「妳這樣有尊重我嗎？」

「那你這樣跟我吵，有尊重我的交友權利嗎？？難道分手了就不能當朋友嗎？」

「好啊，妳選一下，繼續跟他往來還是我們分手？」

「為何要分手，我只是希望有自己的交友空間！」

「但是我無法忍受妳跟前男友這麼親密啊！」

「你愛我就要尊重我，不是嗎？」

「所以妳要選擇他嗎？」

「我沒有要選誰，我希望我的男友能夠尊重我！」

「好吧，那我們分手好了！」

「好啊，分手！」

「嗯，所以妳跟前男友到底有沒有一腿啊，你老實跟老師說。」在聽完一輪鬼打牆般的吵架戲碼之後，我滿臉無奈的問她跟前男友的實際狀況。

其實我幾乎可以把這類故事整理成一套制式版本，這類情人分手的對話跟過程，差不多跟套裝軟體一樣，質量穩定、過程跟細節大同小異。在命理諮詢的客人中，問愛情的幾乎佔了七成以上，感情中的多角關係大概佔了一半，斬不斷理還亂這樣的至理名言，證明這樣的劇情永遠演不膩。

「沒有啦，我跟他真的沒有什麼。」客人很無辜的看著我說。

「真的沒有嗎？」我繼續問。

「真的啦，至少我有男友的時候沒有……」她顯然開始鬆口了。

「但命盤看起來今年七月妳有劈腿耶，那時候妳跟現在這個男友在一起了吧？」

我只好告訴她命盤透露出的跡象。

「沒有在一起，那時候就是剛認識，剛開始交往啊！」她略微激動的解釋。

「那時候妳還跟前男友有聯絡吧，這樣不是劈腿喔？」我知道她會給什麼答案，但我還是問了。

「剛開始交往還不算男友啊，前男友偶爾回來找我，我不知道該不該復合，後來我決定跟現在這個男友在一起，這樣不算劈腿吧？」

「對啦，妳要這樣解釋也可以，一個沒確定一個還在考慮，多看看多思考總是好的，不能算劈腿。不過我再問細一點，兩個都有上床吧？」

「嗯，總是要試試看才知道好不好啊，我比較無法拒絕前男友，這不能算是我劈腿吧？」命主很委屈的說。

「好吧，這也不算劈腿，只是妳在試吃而已，那試吃完了就應該好好確認要訂哪家餐廳了，怎麼還有後面的事情呢？」我繼續問她，「九月妳應該就確定了吧，為何年底又被抓包妳跟前男友在房間裡呢？」我有點不耐煩，不過這是一個追蹤我部落格很久的網友，所以我還是多點耐性。

在開業多年以後，很多人都知道對於來問愛情的命主，我通常都建議去找我的學生諮詢，因為我一向建議快刀斬亂麻，不適合的人就是不適合。我尊重每個人的愛情觀點，可惜愛情不是個人的，而是雙方的關係，甚至是多方的關係，不是你覺得可以就可以了，所以找到適合的人很重要。往往一個因為老公外遇離婚的女人，自己同時也當了別人的小三，或者自己罵男人花心但是同時間自己也找炮友，這樣的情況男女都是。在愛情至上以及男女平等的年代，我們有太多的理由為自己的感情背書，既希望得到關愛，又不希望自己只專注對一個人而失去其他人的追捧，這是我們自私的展現。當身處於自利的社會，對於感情就是找到自己適合的對象就好，其他的事情都是自己的情緒罷了。因此，能不能控制好情緒就是一個人是否能夠解決自己的人生功課、能夠成長的重要因素之一，只可惜愛情往往會帶動我們最大的情緒。

以紫微斗數來說，每個宮位逆時鐘走五格代表那個宮位的力量來源，就像我們的命宮逆時鐘五格是財帛宮，錢財的使用能力跟擁有能力，造成我們的生命是否有充足的能力創造我們的生命價值（圖三十五）。在紫微斗數中攸關我們精神狀況的福德宮，逆時鐘五格剛好也就是代表愛情的夫妻宮，所以感情一直都是我們情緒跟精神的來源力量。愛情是我們人生的功課，是我們情緒的起源，在命盤上有著不可撼動的基本結構，所以感情一直都是很難解決的問題，也是命理客戶中的最大宗，但是越大的問題，往往越可以簡單處理，於是我又問了這位追蹤我文章很久終於來算命諮詢的客人。

圖三十五／命宮、財帛宮

父母 巳	福德 午	田宅 未	官祿 申
1 命宮 辰			僕役 酉
2 兄弟 卯			遷移 戌
3 夫妻 寅	4 子女 丑	5 財帛 子	疾厄 亥

「其實，妳才三十五六歲，長得也漂亮，追求者應該很多，為何一直放不下前男友呢？」

「老師，我有很多人追，但是我一直都覺得跟他（前男友）有股很神奇的緣分牽扯著，沒有辦法忘記他，他是我的初戀。因為他劈腿還會打我就分手了。這十多年來，我無論換多少個男友，他還是來糾纏我，讓我無法跟其他人好好的談感情，最後都因他而分手。老師，紫微斗數能不能看前世今生？我跟他是不是前世糾葛的姻緣，今生才一直分不開呢？」

前世糾葛的姻緣？這是前世來討債的債主吧，我心想。

「紫微斗數可以看前世今生，但不是妳這樣的解讀法。」我這樣跟她說，希望快點離開要被帶入宗教議題的話題方向。

「老師，我真的離不開他耶，明知道他不好，但是他就是一直可以纏著我。」她一臉無奈的說。

「一般來說，這是妳給他纏著妳的機會，不是他真的可以纏著妳。」我也一臉無奈。

「但是老師，我分手後盡可能的跟他斷絕往來，手機號碼也換了，但他總可以問到我的手機號碼，連我搬家他也找得到。剛開始我是真捨不得他，因為他除了花心，其他時候都對我很好。」

「他不是會打妳？」我忍不住插嘴問她。

「那是他喝醉了，事後他跟我道歉，還在我家門口跪了一小時，他喝醉脾氣不好，其他時候都很好啊！（聽到這我忍不住想，好吧，這樣不打妳要打誰呢？）不過後來我慢慢覺得真的不能跟這個人長久走下去，我年紀大了希望結婚，他不適合，我就開始拒絕他，只是總是被他纏上擺脫不掉，老師你知道有什麼方法可以斬前世孽緣嗎？」

「啊，我先聽完妳的故事，等等再告訴妳。那妳有找到其他方法跟他斷絕關係嗎？」

「有啊，這十多年來我找各種辦法希望解決跟他的問題，也找了許多命理師，還去找宮廟的師父師姐，他們說這是我跟他的前世糾葛，有的要我擺風水陣，有的要我做法會，我家裡有一把關刀就是要斬爛桃花用的，但是全部都沒有效果。後來有個師姐說那是我跟他好幾世的孽緣，我們兩個原本是王母娘娘座下的仙童，貪玩下來凡間，是我引誘他下來，兩個人命運才牽連在一起，他為了我下凡，我連續幾世都對他始亂終棄，還害他家破人亡，所以，他在這一世要讓我也經歷好幾次的感情分離，把債都討回去。師姐說要做法會請王母娘娘主持公道，我花了幾十萬了。」帶著認真與急迫的眼神，原本很有氣質的她這時候忽然變得口沫橫飛，只為了讓我相信她真的有努力過。

「看起來是很艱難的緣分喔，那做了法會有用嗎？」我問。

「沒有啊，通常都只有一陣子有用，後來他就又回來找我。是不是其實我跟他的緣分真的很難解決啊，還是我乾脆嫁給他，這輩子還一還好了？」她可能知道自己講到口水都噴出來了，這時候放慢語氣，也放棄了自己的希望，「所以老師你也覺得這是沒有辦法解決的事情嗎？其實我在來之前就跟朋友說了，我找了這麼多人都沒有辦法處理，這次應該也沒有辦法。」看來她已經絕望了。

「好吧，所以妳來我這裡之前，就是找了這些人幫妳？」我問。

「對啊，不然還能找誰呢？」

「痾，妳找過警察嗎？」我淡淡的吐出這個問題。

「警察？為何是找警察？警察也管前世的事情嗎？」她不解的問。

「警察當然沒管前世的事情，不過警察會管騷擾妳的人啊，妳無時無刻被騷擾，應該是先找警察，不是找師父師姐或者命理師吧！怎麼現在宮廟跟算命師也要面對現實生活中的物理性傷害嗎？我一直以為這應該是警察的業務範圍耶。」我很訝異的問她，但是她用更訝異的眼神看著我。

「但是老師，我跟他是前世的糾葛，這找警察來也沒用啊，警察趕得了一時趕不了一世，不是嗎？」看來她還是沒聽懂我的意思。

「妳確定這是前世糾葛嗎？」

「不是嗎？至少有七個算命老師、十多家宮廟都是這樣跟我說的啊？」她口氣堅定卻用懷疑的眼神望著我。

「妳有想過，這可能是那些人都有問題嗎？」

「怎麼可能這麼多人都有問題呢？」

「怎麼不可能，至少到目前為止沒有一個人給妳的建議有用啊！就像看病一樣，病因不對，開出來的藥方當然也就沒用了，更別說這種什麼都怪到前世的論點，最好王母娘娘有這麼多仙童沒事都下凡來玩。別的不說，關公根本不是用關刀，妳知道嗎？關老爺用關刀是出現在三國演義，明朝的小說，關刀出現的時間最早在北宋，距離三國時代快要千年了，關公本身根本不懂愛情，他老人家一不擅長、二拿一個根本不是他在用的東西給妳，怎麼會有用呢？所以更大的可能性應該就是那師姐自己都不知道自己在幹嘛？她只不過是要賣妳關刀！」我沒好氣的說，眼中閃爍著無奈的情緒。

這個年代到處都有這種神棍，利用人們的信任來進行騙局，令人難以接受。他們總是把問題都歸結於前世的因果，讓人覺得現世的努力不再有意義，既然如此，那我們今生為什麼還得認真生活？反正大家遇到事情去求神明幫忙就好了啊。

***

我略微調整自己的心神，打直了聽故事聽到整個快散掉的腰桿，示意她聽好了：

「來來來，我認真跟妳說吧！妳知道，如果一個正常人一直受到騷擾，第一時間應該會去報警吧？但妳卻沒有這麼做，是因為妳跟他曾有過一段感情，覺得這樣做太不近人情了，所以妳選擇忍讓，用妳良善去對待他，希望他會有所改善。可是問題在於，我們並不會對待一個陌生人如此，妳之所以這樣對他是因為還存有情愫。這份情愫讓妳無法忘記他，所以無法拒絕他的糾纏，不然的話，妳如果真的痛恨他，妳會選擇報警，而不是去尋求拿假刀的關公了。兩個人之間的感情，如同蹺蹺板，一來一往才有機會繼續，妳若斷然拒絕，他不可能能夠纏上妳。」

聽完我的講述，她弱弱的複述著她已經做過的努力：「但是我真的不想讓他再靠近我了啊，我搬家換電話了。」

我再次輕聲詢問她：「那妳找警察了嗎？」她搖搖頭。這樣的回答並不出乎我意料，但我還是想再確認一次。

「沒找對吧，所以妳對他的態度和對陌生人是不同的，這表示妳對他還有感情，他一定知道妳的想法才一直來找妳。」我說著，試圖幫她理清頭緒。

「那老師覺得那些符咒、關刀、風水佈陣都沒有用嗎？那些東西是不存在的？」她開始懷疑起自己經歷的一切。

我用一種平靜的口吻說：「我不能說那是沒用的東西，問題在於教妳做這些事情的人是否專業，以及妳的問題是否適合使用這些方式，或者究其原因只是妳自己的選擇而已。排除掉那些老師居然可以這麼不專業的教妳做這些沒用的事情（事實上證明了沒用，否則她也不會出現在這裡），即使他們的方法是有法力的，或者說他們足夠專業知道要這樣騙妳的錢，但現實情況是妳沒有得到妳期待的幫助。妳的問題在於妳無法決定離開他。自己不願意做的事情，既使大羅神仙菩薩降臨耶穌還魂，都幫不上妳的忙。」

「老師，我真的想啊……」她的聲音越來越微弱。

「那妳叫警察了沒啊？」我的聲音也很低沉，但我相信她聽得很刺耳。

人就是如此，總是希望有個什麼來幫助我們面對世間的問題，來幫助我們為自己的軟弱和各種問題背書，但是現實的問題並無法用這樣的心理逃避來解決。我想他們會糾纏這麼久、會如此相愛，以宗教的角度來說，不可否認是前世有糾葛的，以命理的角度來說，彼此也一定有所羈絆，可是人生仍有選擇權，我們不該依著命運走，否則怎麼解決我們自己今生的功課呢？既然人生在世是為了要解決未完成的功課（要說業障也行），自然是要去面對在感情上無法面對的問題，選擇對自己人生更好的道路才對。就算是前世孽緣，今生也沒必要讓自己一直處在這樣的環境裡，人生是可以自己做選擇的。

我繼續說：「我只想問，妳希望妳後半輩子都這樣過嗎？妳會離開他，客觀來說一定是因為妳知道他不是可以長久走下去的人。雖然你們在一起很久了，但你們之間必然有無法解決的重要問題，所以才會分開。現在妳覺得他是適合妳的男人嗎？他會照顧妳嗎？妳覺得他可以依賴嗎？」

「他確實對我很好，我也覺得他很可以信賴，只是好像少了一點感動。」她說。

「妳要的是感動？是激情？還是穩定的守護呢？妳清楚自己需要的是一個可以保護自己的人，那種像風一樣隨心所欲的男人是可以長久相伴的嗎？現在的選擇取決於妳，要一個能夠守護妳的人？還是選擇一時的激情，卻時刻擔心他會離去，妳要這種只在他缺錢鬱悶時才出現的不穩定的感情嗎？算命其實不會告訴妳選擇哪個比較好，因為選擇權在於妳，我們只是給予分析，告訴妳選擇A會有什麼後果，選擇B又會有什麼結果，以及該如何做到、避免風險。想一想妳要的到底是什麼？」

她立刻說：「我要的當然是可以一輩子保護我的男人，否則我也不會一直想辦法，還被騙那麼多錢，但是我就是無法拒絕他，我該怎麼辦呢？」她的聲音回復正常，感覺像在替自己加油打氣。

「很簡單，妳好好的跟現任男友在一起，如果前任再來找妳，妳就斷然拒絕，如果他一直來，那請問妳要找誰？」

「來找老師嗎？」她給了一個令我傻眼的回答，我直接靜默不語。

「啊，找警察。」她終於答對了。

「對，找警察，人世間有人世間負責處理事情的人，如果他寧願被抓去關還要來糾纏妳，那妳再來找我。」我用堅定的眼神看著她。

「這樣我就會有好姻緣了嗎？」

「嗯，我看現在這個男友對妳不差，應該是好對象，好好和他在一起，不要辜負他，明年應該就有機會結婚。」我看了她的命盤後告訴她。

「只要這樣就好了嗎？真的不用做些其他的事情？」她很沒自信的說。

「不需要。如果妳那麼愛被騙錢，妳幫我捐錢給門諾醫院，我等等可以發捐款連結給妳。」

「老師，我看你好像都沒有認真在算我的命盤耶？」

「嗯，我有啊，妳前男友床上功夫不錯吧？現任男友瘦瘦高高對妳很好，有點小禿頭對吧？還有啊，妳所說的那些求神問佛的事情主要是在八年前開始，一直到三年前妳就死心放棄了，對吧？」我一說完，她總算相信，立刻點頭答應我，她會認真的跟現任男友交往。

沒過多久，我就看到她在臉書上發布結婚的訊息（我本來還以為會看到報警驅離騷擾份子的訊息）。接著不久，孩子出生了，社群上不時曬出老公對她的疼愛，事業發展越來越順利的消息也相繼傳來，她的人生有了完全不同的方向。

✦✦✦

這樣的場景，我相信只要是開業命理師甚至初學者，都有很多機會碰到。一個人讓自己的人生在某個狀況內久久走不出來，這種情況通常都是自己造成的，如同我常說的，人會吃屎一定是人自己的問題，不會是那坨屎的問題。命理學上雖然有的人特別倒楣，連續二三十年都人生悲慘，也只有極少數的人連續二三十年都爽遇三吉嘉會加雙祿交持，就命盤排列組合的機率來說，這般特殊情況都是很難得的，極好運跟極壞運的人佔比很低。然而，現實中卻有很多人在各類生活困境中掙扎，皆是自己的選擇所致。紫微斗數中的煞星，代表自己內心無法擺脫的情緒個性，正因為是自己無法擺脫的，甚至是自己做出的選擇，所以才會很難改變。

在催眠領域也是如此，自己願意為自己下的指令效果是最好的，即使在意識層面理解自己這樣做是不對的，理性告訴自己這樣是不行的，仍無法擺脫被潛意識控制，以致於不斷做出自覺不對的事情卻不知該如何是好，最後只能求神問佛，希望能得到解決方案，殊不知無論是身心靈的角度還是宗教的角度，都是要求自己的內心，是求之於內而非求諸外界力量，只有自己能給自己下最深刻的指令，改變自己。

在命理諮詢的過程中，很多時候只要幫助命主找到內心的關鍵問題點，合理的找到讓他自己都認同的事，讓他接受事情的觀點，就能突破他的盲點，讓他願意改變。命理學的技巧則補足了命主對命理師的信賴，建立信賴感，讓他覺得我不是胡說八道。感情的問題通常都是命主內心的選擇，可說是命理中最難算也是最好算的範疇，因為感情並非自己一個人可以決定，卻也是自己一個人就能決定，就好比你在台灣努力工作應該能擁有不差的生活品質，但你努力愛一個人卻不一定可以得到回報。如果你覺得身邊的人不對，也是你自己就可以決定是否該讓這段關係結束，關鍵在於是否有足夠的決心，這也是為何無論在宗教界、身心靈圈、命理圈，愛情永遠是最大宗的問題。與其說是誰欠了誰，或者誰背了誰的業障，還不如說這是自己的功課跟選擇。當然，因為是自己潛意識的問題，我們難以自己改善而成為神棍眼中的肥羊。這種時候命理學和好的命理老師能給予我們的就是一個理性清晰的邏輯，幫助我們釐清問題，真正找到解決方案，紫微斗數就是一種很好用的工具。（至於找警察這件事情，這只是一個納稅人的權利，跟命理一點關係都沒有。）

要藉由她的命盤（圖三十六）找出解決感情問題的方法，我們必須掌握幾個重點：

1. 前男友的個性
2. 現任男友的個性
3. 前男友跟她之間的關係
4. 現任男友跟她的關係
5. 她為何會一直無法忘記前男友
6. 現在男友是否是個好選擇

圖三十六／命盤

太陽 忌 父母 巳	破軍 權 福德 午	天機 天鉞 田宅 未	紫微 天府 鈴星 官祿 申
武曲 左輔 科 命宮 辰			太陰 天喜 僕役 酉
天同 擎羊 紅鸞 兄弟 卯			貪狼 右弼 遷移 戌
七殺 祿存 文曲 夫妻 寅	天梁 陀羅 天魁 子女 丑	廉貞 天相 火星 文昌 祿 財帛 子	巨門 疾厄 亥

紫微斗數長期以來一直被認為可以用本命盤夫妻宮去看自己的老公／老婆，但只要是我的讀者或粉絲、學生都知道，這種看法是非常可笑的錯誤。本命盤闡述的只是自己對於愛情的看法和期許，真實發生的事情則要看運限盤，也就是大限、流年等盤。

討論一個人的感情狀態之前，我們需要知道她在那個時間內遇到怎樣的人，對此，紫微斗數有個非常好用的方法，就是看運限盤的官祿宮。官祿宮是夫妻宮的對宮（圖三十七），夫妻宮是我們的感情狀態和價值看法，而官祿宮則是夫妻宮的對宮，每個宮位的對宮都是這個宮位的外在展現。就像命宮的對宮遷移宮，是我們這個人給外人看起來的樣子，所以官祿宮相對於夫妻宮也有這個意思，再說得更清楚些，如果你有另一半，外人看你的感情狀況一定是從你跟另一半的相處中去感受到的。這就是可以從官祿宮看另一半的主要原因。用這樣的原理，把運限的官祿宮當成另一半的命宮，建立一個盤出來，作為另一半的命盤，看出這是個怎樣的人以及他對你的影響（圖三十八）。

圖三十七／夫妻宮的對宮，官祿宮

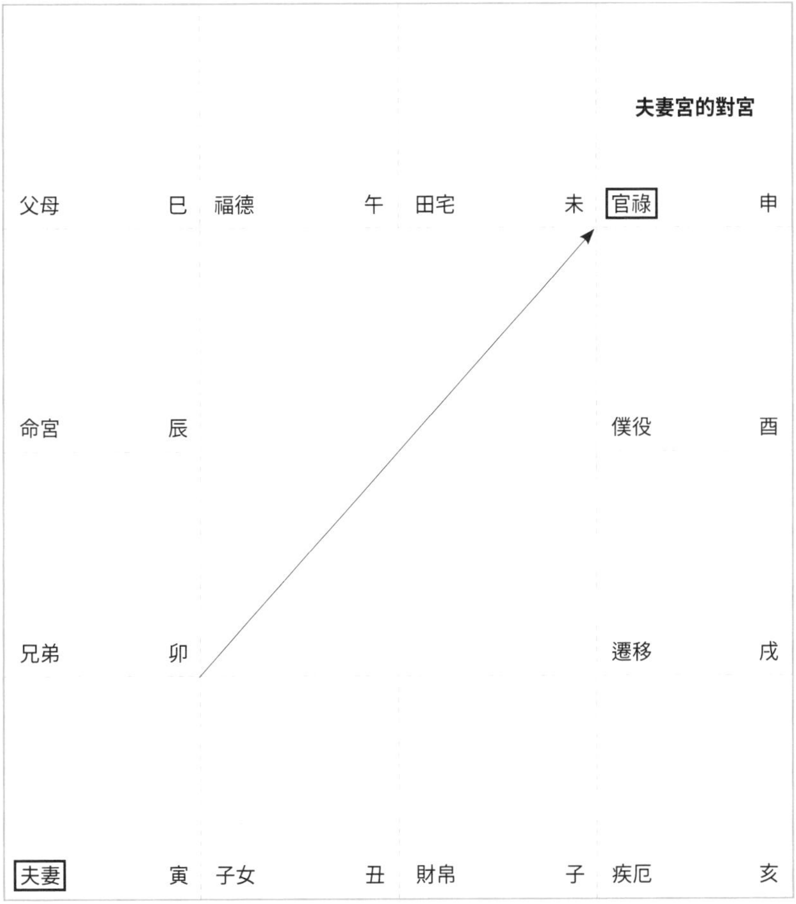

圖三十八／官祿宮當命宮成立十二宮

子女宮 父母 巳	**夫妻宮** 福德 午	**兄弟宮** 田宅 未	**以官祿宮當命宮** 官祿 申
財帛宮 命宮 辰			**父母宮** 僕役 酉
疾厄宮 兄弟 卯			**福德宮** 遷移 戌
遷移宮 夫妻 寅	**僕役宮** 子女 丑	**官祿宮** 財帛 子	**田宅宮** 疾厄 亥

她並沒有告訴我她是在何時、哪個運限認識這個初戀男友，所以我們只能從命盤推斷她的初戀時間。這個判斷相對容易，通常是根據天喜紅鸞星出現的那個大限，不過我們也要考慮實際的時間影響因素。例如，若紅鸞星出現在很晚的大限，人不太可能那麼晚才談戀愛，但若出現得太早也不大合理，所以通常是在第三大限。或者，我們可以查看最早出現紅鸞星在命宮與夫妻宮的流年，用那一年來判斷是第一次戀愛。這裡的戀愛，說的是會上床會交付身心的那種，不是兩小無猜的純純戀情而已。

依照這個命主的命盤來看，她在第二大限就出現了這樣的跡象，因此戀情出現的時間應該是第二大限。加上第二大限夫妻宮有陀羅，對宮還有運限出現的擎羊，又有容易產生變動的天機天梁對拱（圖三十九），這表示這段戀情應該在第二大限就有可能結束或者換人。事實上，他們確實在她大學畢業後就分手了，不過陀羅也暗示著她跟這個人有機會藕斷絲連。於是，他們就一路延續這段剪不斷理還亂的關係直到下個運限。

這裡有個關鍵點，前面提到用運限盤官祿宮去看另一半的技巧，要用哪個大限去判斷呢？以這個故事來說，我們需要從第二大限開始觀察，一路看到他們之間關係終結。也就是說，第二大限的官祿宮是這個男人當年的樣子，隨著時間的推移，我們的生命會隨命盤運限的變化而轉變，我們周圍的人也是如此。這是一個很重要的技巧跟觀念，所以在第二大限這個男人靠著聰明博學吸引她，但到了後續的第三大限，情況就不是如此了（圖四十）。

圖三十九／第二大限命盤

太陽 忌 大限陀羅 **大限福德宮** 父母 巳	破軍 權 大限祿存 **大限田宅宮** 福德 午	天機 科 天鉞 大限擎羊 **大限官祿宮** 田宅 未	紫微 天府 鈴星 **大限僕役宮** 官祿 申
武曲 科 左輔 **大限父母宮** 命宮 辰			太陰 祿 天喜 **大限遷移宮** 僕役 酉
天同 權 擎羊 紅鸞 **大限命宮** 丁 兄弟 卯			貪狼 右弼 **大限疾厄宮** 遷移 戌
七殺 祿存 文曲 **大限兄弟宮** 夫妻 寅	天梁 陀羅 天魁 **大限夫妻宮** 子女 丑	廉貞 祿 天相 火星 文昌 **大限子女宮** 財帛 子	巨門 忌 **大限財帛宮** 疾厄 亥

圖四十／第三大限命盤

太陽 忌 大限祿存 **大限田宅宮** 父母 巳	破軍 權 大限擎羊 **大限官祿宮** 福德 午	天機 權 天鉞 **大限僕役宮** 田宅 未	紫微 天府 鈴星 **大限遷移宮** 官祿 申
武曲 科 左輔 大限陀羅 **大限福德宮** 命宮 辰			太陰 天喜 **大限疾厄宮** 僕役 酉
天同 祿 擎羊 紅鸞 **大限父母宮** 兄弟 卯			貪狼 右弼 **大限財帛宮** 遷移 戌
七殺 祿存 文曲 **大限命宮** 丙 夫妻 寅	天梁 陀羅 天魁 **大限兄弟宮** 子女 丑	廉貞 祿 忌 天相 火星 文昌 科 **大限夫妻宮** 財帛 子	巨門 **大限子女宮** 疾厄 亥

第三大限開始，第三大限官祿宮代表她男友的宮位，是破軍對宮廉貞天相，而且大限夫妻宮疊在她的財帛宮之上，可以得知這個男人，或者說她的感情跟工作都跟這個男人有緊密關聯，也會因此破財甚至遭受暴力對待。怎麼看呢？他們的感情持續了十多年，但實際相處的時間其實是在第三大限，所以真正的問題出現在第三大限，這個男人真正影響她的時間是在這個區段，也是所有印象跟回憶累積下來的階段。想要了解這個男人是什麼樣的人，就要用這個時間區段來觀察。因此，把這個運限的官祿宮當成男人的命盤，直接討論她的感情問題（圖四十一），也是在這個大限她才會這麼愛他，離不開他。

圖四十一／以官祿宮當命宮立出的 12 宮

太陽 忌 大限祿存 大限田宅宮 兄弟 巳	破軍 權 大限擎羊 大限官祿宮 庚 命宮 午	天機 權 天鉞 大限僕役宮 父母 未	紫微 天府 鈴星 大限遷移宮 福德 申
武曲 科 左輔 大限陀羅 大限福德宮 夫妻 辰			太陰 天喜 大限疾厄宮 田宅 酉
天同 祿 擎羊 紅鸞 大限父母宮 子女 卯			貪狼 右弼 大限財帛宮 官祿 戌
七殺 祿存 文曲 大限命宮 財帛 寅	天梁 陀羅 天魁 大限兄弟宮 疾厄 丑	廉貞 祿 忌 天相 火星 文昌 科 大限夫妻宮 遷移 子	巨門 大限子女宮 僕役 亥

此時，用第三大限的官祿宮當成男生的命盤來分析兩個人的關係，我們可以看到男生的大限命宮宮干是庚，庚的四化是天相化忌，剛好化忌進女生的大限夫妻宮（圖四十二），這表示這個人的人格特質會讓她在感情上無法分開。化忌是一種空缺，我造成你的空缺，表示你無法沒有我，就像我愛吃的排骨飯沒有開門，造成我內心跟生理上的空缺，我就會很難過，覺得自己不能沒有這個排骨飯。我們人生中都有這種好像一定要去吃什麼或是一定要去哪裡的經驗吧，而愛情最厲害的力量就是這樣，我不能沒有你，因為你讓我覺得有所空缺。在這個案例中，男方讓她的空缺存在於她的本命財帛宮和大限夫妻宮，表示這個十年的感情（大限夫妻宮）和她的精神世界、潛意識都深深的跟這個男人牽連在一起（財帛宮是掌管精神意志的福德宮的對宮），光是這點就可以知道為何命主無法離開這個男人了。

圖四十二／男生命宮造成女生大限夫妻宮天相化忌

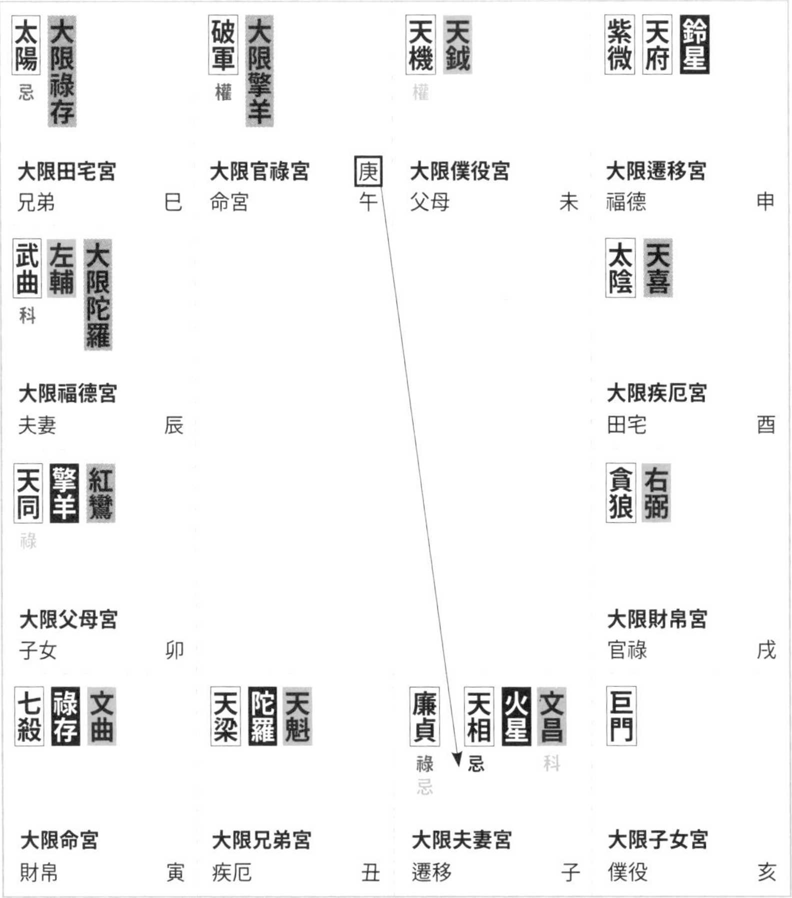

更不用說在第三大限，七殺坐在大限命宮，她一定自認為對自己的行為非常清楚，周圍的人根本勸不動她。她的大限命宮宮干為丙，所以會有個大限擎羊跟廉貞化忌在大限夫妻宮和官祿宮上（圖四十三），大限的夫妻宮表示在這段時間內，我們對感情的態度以及由此做出的選擇，最終導致的現象結果。有擎羊表示，她肯定認為自己要不顧一切的要往前衝，命宮的七殺又非常堅持，夫妻宮的對宮展現在外的感情模式有個擎羊讓人難以勸說，而且堅持按照自己的意願行事，再加上主星破軍，以及對宮化忌的廉貞（代表要有不同的人際與想法），還有男生命宮造成的天相化忌（打破過去的規則），這些組合顯然讓她在這十年的感情中一直做出與一般世俗價值不同的選擇。而化忌造成規則的破壞，有一部分源自於這個男人，因為命宮天干為庚，造成大限夫妻宮化忌（圖四十二），這表示這個規則的破壞是為了這個男人，也說明了她這十年無論跟多少人交往都還是會跟這個男人藕斷絲連。當然，這種規則的破壞不僅限於此。例如，她曾認為反正自己一直跟前男友糾葛，索性當人家小三好了，或是與男人發生財務問題等等，這些情況在過去十年之間都有出現，但在這個段落我們就不深入探討。

圖四十三／大限夫妻宮有大限廉貞化忌，大限官祿宮有大限擎羊

太陽 忌 大限祿存 **大限田宅宮** 父母 巳	破軍 權 大限擎羊 **大限官祿宮** 福德 午	天機 權 天鉞 **大限僕役宮** 田宅 未	紫微 天府 鈴星 **大限遷移宮** 官祿 申
武曲 科 左輔 大限陀羅 **大限福德宮** 命宮 辰			太陰 天喜 **大限疾厄宮** 僕役 酉
天同 祿 擎羊 紅鸞 **大限父母宮** 兄弟 卯			貪狼 右弼 **大限財帛宮** 遷移 戌
七殺 祿存 文曲 **大限命宮** 丙 夫妻 寅	天梁 陀羅 天魁 **大限兄弟宮** 子女 丑	廉貞 祿 忌 天相 火星 文昌 科 **大限夫妻宮** 財帛 子	巨門 **大限子女宮** 疾厄 亥

她是在二〇二〇年找我算命，那時候她虛歲37，剛進入第四大限（大限看實歲，小限看虛歲，所以是虛歲34會進入第四大限），這也解釋了為何我認為她從三年前開始就不再像以前那樣瘋狂的尋找解決問題的方法，因為她的大限夫妻宮轉換了，變成太陽巨門對拱（圖四十四，第四大限命盤）。此時，她對於感情的看法已經改變，她會更堅定的想要改變關係，不再去尋找那些神神鬼鬼的方法。此前她會尋求各種神神鬼鬼的方法，原因很簡單，首先當然是她對感情的態度、處理方式不同尋常，她習慣用不正常的方式思考和嘗試解決問題。再加上當時的運限，我們觀察她的命宮跟福德宮，可以看到她事業正在發達，賺了一些錢。她的本命命宮有武曲，一方面讓她願意用金錢解決問題，另一方面對宮的貪狼也讓她從小就有機會接觸宗教與命理，所以各種條件整合之下，她在那個大限裡到處求神問佛，花了不少錢，還買了明朝後才有的玩具關刀回家。這也是我們經常強調的，看命盤需要整體性的分析，絕對不是單宮單星就可以看出一個人的情況。學習中最不應該的就是那類「因為她夫妻宮什麼星所以就如何啊」，如果經常出現這種論點，表示這個人是個大外行，如果這種說法來自於一位老師，那麼這位老師的程度一定不好，甚至根本就沒有好好學習，稱呼高人、老師云云等詞，只是為了謀取利益。

圖四十四／第四大限命盤

太陽 忌 大限陀羅 **大限官祿宮** 父母 巳	破軍 權 大限祿存 **大限僕役宮** 福德 午	天機 科 天鉞 大限擎羊 **大限遷移宮** 田宅 未	紫微 天府 鈴星 **大限疾厄宮** 官祿 申
武曲 科 左輔 **大限田宅宮** 命宮 辰			太陰 祿 天喜 **大限財帛宮** 僕役 酉
天同 權 擎羊 紅鸞 **大限福德宮** 兄弟 卯			貪狼 右弼 **大限子女宮** 遷移 戌
七殺 祿存 文曲 **大限父母宮** 夫妻 寅	天梁 陀羅 天魁 **大限命宮** 丁 子女 丑	廉貞 祿 天相 火星 文昌 **大限兄弟宮** 財帛 子	巨門 忌 **大限夫妻宮** 疾厄 亥

看到這裡，可能有人會問，既然換了大限，為什麼不利用她的大限官祿宮那個很不錯的旺位太陽去推斷她的前男友呢？

這裡涉及到一個很重要的觀念和技巧，夫妻宮反映是我們的感情狀態，從來不是另一半。在第三大限的夫妻宮跟官祿宮中，我們實際上觀察的是她的感情狀態。而從官祿宮去觀察另一半這一點，我們可以想像，如果她的生命是一部電影，其中有八個男人，但是那個前男友一直存在，那麼你看完電影印象最深刻的應該是那個前男友吧。用大限官祿宮看她前男友的情況，是因為那個男人直接影響了她這個十年的感情狀態。這也是我們一直強調不能把夫妻宮當成老公來看的主要原因，如果一旦採取這種觀點就會失去從命盤上靈活擷取資料的能力，會因為先入為主的觀念，以為夫妻宮等於另一半，而忽略了感情可能有許多人同時存在的事實。

那麼，這個論點難道不能用在下個十年嗎？

當然可以，但是如果我們發現她下個十年夫妻宮有重大的轉變，這是不是表示很可能這個男人的性格行為改變了，或者是她根本就換了男人？坦白說，兩者都有可能，不過依照她上個大限那個男人的死樣子，這種改變的機率不大，更有可能的情況是她換了男人。細節上可以拿她初戀男友的命盤來比對，如果男生命盤沒有改變，但是女生的命盤卻有變化，就更加確定是女生換人了。只是在這個案例中，我們早就知道她已經有了別的男人，並且對她很好，因此判斷她應該是換人而不是初戀改過向善。她對感情的心態改變了，這當然也是一個重要的原因，所以才能找到一個好男人。我們一樣用大限的官祿宮去看這個好男人的命盤，會發現他的條件還不錯（圖四十五）。我們還可以觀察到這個男人的夫妻宮內有紅鸞星，表示他想要結婚也想娶她，夫妻宮內天同對宮太陰，代表這男人在感情上能照顧她，是標準的在生活起居上可以呵護她，綜合以上這些條件，就是我建議她好好跟現任男友在一起，不要再跟初戀糾纏的原因。

圖四十五／以大限官祿宮當男生的命宮

太陽 忌 大限陀羅 **大限官祿宮** 己 命宮 巳	破軍 權 大限祿存 **大限僕役宮** 父母 午	天機 科 天鉞 大限擎羊 **大限遷移宮** 福德 未	紫微 天府 鈴星 **大限疾厄宮** 田宅 申
武曲 科 左輔 **大限田宅宮** 兄弟 辰			太陰 祿 天喜 **大限財帛宮** 官祿 酉
天同 權 擎羊 紅鸞 **大限福德宮** 夫妻 卯			貪狼 右弼 **大限子女宮** 僕役 戌
七殺 祿存 文曲 **大限父母宮** 子女 寅	天梁 陀羅 天魁 **大限命宮** 丁 財帛 丑	廉貞 祿 天相 火星 文昌 **大限兄弟宮** 疾厄 子	巨門 忌 **大限夫妻宮** 遷移 亥

其實，從命盤上，我們可以看出她第三大限的狀況，以及第四大限她會做出對的選擇。坦白說，如果她是第三大限來找我，可能我也勸不動她。因為那時候她的想法就是要用快速的方式解決問題，可是對方一直讓她沒有抵抗力。相對來說，這也可以證明根本沒有什麼斬不斷的前世姻緣，一切都是自己的決定。這個命盤在她一出生就存在，清楚的說著一切是她自己的選擇，不是什麼前世的問題。紫微斗數在利用兩張盤彼此之間的飛化可以看出兩個人的關係以及許多細節，就算沒有對方命盤，也能用其他方法獲取想要知道的資訊。既然這個人對你的生命可以產生這麼大的影響力，必然可以用你的命盤去倒推這個人是怎樣的人。就像我雖然沒有看到你中午吃什麼，可是看你滿嘴紅紅的還有一股大蒜味，還不停的拉肚子，那妳吃麻辣鍋的機率就很大了，即使不是也相去不遠。這也是為何我們常說命理學就是現代科學的推理邏輯。

最後，我知道你們一定還想知道怎麼看出女生覺得初戀男友的床上功夫好？看看男生的子女宮化忌到女生本命盤的疾厄宮，細心體貼服務周到（太陰、天同）的上床特質，不時還有點霸道（擎羊）的個性，造成了女生在身體上的無盡空缺（造成代表身體的疾厄宮內有代表空虛無底洞的巨門，產生空缺的化忌），這還能不愛嗎？當然很愛啊！所以換大限後她覺醒了，唯一放不下的，或許就是上床這等事了。

05

人生很短，我是否能夠再找到愛

從命盤看見愛情賞味期和心之所向

大家應該都認同「人生很長，不要只守著一個人，要多點可能性。人生很短，如果身邊的人不適合，就別執著了。」只是當我們踏上換愛的旅程，總會想，自己是否還能找到真愛呢？這個問題困擾著很多人的心。或許已經換了新伴侶，卻又怕對方不是好的人選。甚至有的人明明與自己內心的嚮往相去甚遠，或是不符社會對感情價值的期待，卻只是因為已經在一起很久了，所以就湊合著相處。「猶豫、湊合、將就」幾乎是許多人面對感情時的態度……

★ **學習點**

1. 從命盤看是否結婚
2. 從命盤看是否離婚
3. 從命盤找出是否外遇
4. 從命盤找出真正的感情價值觀

深怕感情婚姻就像是海邊撿石頭一樣，越撿越小顆，這如魔咒般的信念深深的根植在許多東方女性的心靈。如同小女孩害怕失去手中的玩具，緊抓著早已殘破不堪的布偶，雖然布偶身上破舊的衣服不再光彩，損壞的零件也不只一次割傷小女孩的手心。只是這個布偶曾經那麼美好，曾經陪伴給予她許多回憶，所以不願意放棄。就算有新的玩偶可選，也害怕自己殘缺的心靈配不得起新玩偶的光鮮亮麗。想來想去，再低頭看看懷裡的舊布偶，也看看周遭有許多同樣遭遇的女孩們，於是暫時遺忘被割傷的手，直到再度緊抱舊布偶而被深深刺傷之後，才恍然大悟，彼此終究還是不適合了。

這是許多人在感情上經歷的無限迴圈，他們或許期待在這個過程中找到自己，卻也可能越來越迷失自我。這個情況可能發生在每個人身上，讓你的身心無法從某個人脫離，無法分開也無法拒絕他，這通常是因為自己對於某個人抱有執念。然而，隨著時間推移，運限過了以後往往就會脫離那樣執著的心情。也有的人是反覆更換新伴侶，卻始終找不到合適的人，即使這時候他們可能會自問：「為何我總是遇不到對的人？」其實這是因為，他們所愛的，都是同一類型的人。

無論是客人或者是學生，聊到這樣的話題，我都會跟他們說起一位讓我記憶深刻的客人。

那是在我開業的第二年，一個炎熱到連當時貧困的我都得開冷氣來消暑，如火爐一般的下午。透過一個老友的介紹，這位客人沒有預約，我只聽到一陣急匆匆的、清脆的高跟鞋聲響。她滿活力的推開教室的大門，進入我的視線。

我第一眼看到的，是那雙被黑色網襪包裹著的筆直雙腿，目光一路往上，她穿著彷彿小兩號的衣服，緊繃而呼之欲出的上圍撐開了胸口的拉鍊，臉上帶著為了遮掩歲月痕跡的濃妝。她應該正值花甲，卻擁有青春火辣的身材，如此的對比讓我一時之間從燠熱午後的昏昏欲睡中清醒過來。當她開口說話，甜膩膩的卻掩飾不掉因為年紀而微啞的嗓音。現代科技可以修改許多東西，如果搭配上天生的美貌，年齡在這個年代可能不再是大問題。尤其在午後背光的情況下，若非我是專業的面相觀察師，可能根本看不出來她是一位六十四歲的女士。她身上穿戴了名牌華服，這樣一個貴氣十足的女人，我當下猜想她應該是來問問老公的事業或者孩子的學業吧！可是，就面相來說，她應該是個感情精彩的人，這……該不會是要問自己的感情問題吧？

果然，我招呼她坐下後，她一開口便說：「老師，我想問問看我何時可以結婚？」

啊，還真的是感情問題！女人問感情不是問題，不問才奇怪，問題是她年紀不小了，問的卻是何時能夠結婚。

好吧，驚嚇之餘，我打起精神來，仔細的研究了她的命盤。我發現這位名符其實的美魔女，應該早就結過好幾次婚了。然而，她對於婚姻的期待，瞬間讓我忘記了她眼角的魚尾紋。我眼前彷彿是一位三十歲左右期盼著美好婚姻的女人。

不過，這不合理啊。一般人結過婚之後，大多數都會想要好好享受單身生活了吧。雖然傳統女性觀念或許會希望可以再婚，畢竟傳統價值觀中，女人沒有了婚姻好像就失去了一生的價值，所以許多女人離婚之後會想尋求再婚，尤其是非常年輕早婚的人，就像這位命主。從命盤可以發現，這位命主在第二大限倒數第二年也就是大學剛畢業左右就結婚了，並且只維持了一年多就離婚，面對這樣的情況，她難免會覺得自己還年輕，應該還有更好的機會。可問題是這位命主接著沒多久又結了一次婚，而且又再度離婚！第一次結婚是一時的腦衝愚昧，第二次結婚又離婚往往也該認清現實情況了，通常不會再想要結婚呀，可是她現今高齡六十多歲了，居然還想結婚。

但是根據她的命盤，她根本不乏追求者，她天生具有極富吸引力的命宮，走到哪裡都能吸引異性的眼光，即使現在已經六十多歲了。

於是我就問了：「妳不缺人喜歡啊，桃花很多，應該有很多的追求者吧，是不是太多人追，所以很煩惱啊？」

（雖然不愛算感情，但是沒錢的英雄膝蓋軟，在當時剛開業的年代，一窮二白的我還是要好好的伺候客人。）

美魔女說：「追我的人很多啊，但是到底哪個人會跟我白頭到老，誰才會娶我呢？」

專業的老師也就是我說話了，「嗯，追的人很多，有哪些呢？來，我幫妳看看追妳的人裡面，哪些適合在一起。」

美魔女即使無奈都不忘露出嬌媚的樣子，「唉呦，追求的人很多啦，但是我要能結婚的人啦！老師幫我看看哪個會娶我，何時會出現會娶我的人，不會娶我的我不要，太累了。」

這是第幾次提到結婚這個關鍵字呢？好吧，我知道妳真的很想結婚。這也讓我好奇起來到底為什麼這麼想結婚呢？於是我問她：「嗯，所以要結婚才可以，是嗎？妳不想好好的談場戀愛就好嗎？」

美魔女露出疑惑的表情說道：「兩個人在一起不結婚難道一直談戀愛嗎？老師覺得這樣對嗎？這樣不好吧，總是要有個歸宿啊！」

這下子換她好奇為何我這麼不守婦道了（不是，我幹嘛守婦道）。她可能覺得我彷彿在鼓勵她交男朋友就好，不要結婚，身為老師怎麼會如此沒有規矩沒有節操，沒有傳統禮教思想，我這是在暗示她可以一直換男人。

我只好再確認一次她的想法：「感覺妳很堅持不能只有戀愛耶！」

美魔女非常認真的回答：「當然啊，我從小不乏追求者，但是我覺得女人就是要結婚，兩個人有簽約才算是彼此認證啊，不然一直談戀愛感覺就不是認真在一起。老師，那種只跟你談戀愛的女人，你不覺得就是沒打算跟你認真走下去嗎？」

換她跟我確認我的感情觀，可我當然一點也不這樣認為，何況現在很多女人都不想結婚啊，難道那些女人都不忠誠、不打算好好跟另一半在一起嗎？

我認真告訴她：「也不是這樣說啦，只是以妳的年紀通常只會希望可以有個老伴，至於是否結婚，在這個年代其實很少人在乎，畢竟年紀越大越會希望可以依照自己的想法生活，感情中如果發現對方不太適合自己了，要離開也比較方便，結婚了，有個法律上的約定，反而會更加需要花心思和時間去處理彼此的不適合，所以很少人會在一個年紀之後還堅持要結婚。」

聽到我這麼說，美魔女有點激動了，「所以老師是說我太老了嗎？我看起來有很老嗎？我朋友都說我看起來像四十歲耶！」

縱然我心想「誰管妳看起來像幾歲，妳就是六十四啊！」但當時為了房租，我還是連忙說：「沒沒沒，妳確實看起來不像妳的年紀，我只是好奇為何妳這麼堅持一定要結婚而已，跟一般人很不一樣。」

我再看一次她的命盤，盤上顯示她至少結婚離婚四次了。這真的讓我忍不住問她：「你結婚離婚的經驗不少，還能夠對婚姻還有這麼大的熱情，實在很少見，而且很明顯的，妳整個命盤充滿了各種感情波浪，這樣的人生經驗卻還是讓妳追求婚姻，這很難得。」而且我還發現她的每一段婚姻都是因為外遇而收場，我只好繼續認真的問她：「這四段婚姻，妳幾乎都是外遇分手的，既然婚姻對妳來說這麼重要，為何妳還要外遇呢？」

我固然知道她外遇的原因，但是在諮詢的過程中與命主對談會是一種幫助她為自己找到答案的方式。由自己的嘴裡說出清晰的答案，等於是自己面對了問題，能夠自己面對問題，才能夠解決問題。。

她絲毫沒有祕密被揭穿的驚訝與侷促，只是悠悠的說了一句：「我也不願意啊，但是他們婚後都變了……」

✦✦✦

以一個命宮帶著鸞喜、主星皆是桃花星的人來說（廉貞貪狼同宮），早早就有戀愛經驗是很正常的。她在大學時期就吸引了許多追求者，但她卻沒有像花蝴蝶般四處招蜂引蝶，周旋在愛慕者之間。她早早就被班上有才華的同學吸引，大學畢業後就立刻結了婚。對她來說，成為男人的支柱，擁有一個家庭是她一生的嚮往。尤其，她的子女宮（田宅宮的對宮）有文昌星，讓她認為在結婚後才能發生性關係，禁不住男方的渴求，於是一畢業就迅速步入婚姻。

可惜的是，婚前在大學看似出色的男方，進入社會卻顯得能力不足，懷才不遇。婚姻並非只是兩個人住在一起而已，男方的事業不順利，女方親友的嘲諷，讓他們很快的意識到彼此的不適合。特別是命主在進入社會後，如盛開的花朵變得更加出眾，年輕貌美而且家世背景良好，吸引眾多多金男子的追求，這些人因為事業有成而鍛鍊出來的成熟氣質，讓她感受到她的先生其實無法給她一個理想中的家庭，於是不到兩年就離婚了。

然而，離婚的當下，因為她仍然渴望有一個男人照顧、有個家，所以很快的她就接受了一個眾人眼中條件不錯的對象。儘管他也是一個富二代，但是接手家族事業的過程，讓他淬鍊出超越年齡的成熟和穩重，這讓她有備受呵護的感受。因為她深知家是一個人內心安全感的所在。這也解釋了為什麼命盤上田宅宮代表財庫的原因，因為沒錢就難以獲得安全感。

因此，命主當時以為第二次的婚姻應該沒有問題了。如果第一次的婚姻是年紀輕不懂事的選擇，那麼這次的婚姻就是自己祖上求得好香，受到眾多朋友羨慕的一段美好結局。

在新婚的熱情尚未消減退去之際，第二任接掌家族事業的老公開始感覺到自己已然完成了家族責任，娶妻成家之後，就是要將重心回到事業上。她的先生認為，女人啊，好好寵著就得了，無論是精品包包或高級旅行，他都可以滿足，但唯一無法配合的就是時間。於是，命主從剛開始感覺自己備受寵愛，也一心想體諒男人工作繁忙，無法陪伴在她身邊，到後來，她漸漸的發現到自己其實需要更多，現在的家對她而言只是一個美麗的牢籠罷了。

之後，在一次旅行中，命主又認識了另一個他。兩人同樣熱愛旅行，有說不完的話題和一樣的嗜好，以及對家庭的渴望，更重要的是，這個男人的事業已經穩定，能夠花更多時間陪伴她。看來第二任老公無法滿足她的地方，只好期待第三任來改善。於是，在男人承諾會娶她的情況下，以及內心充斥著老公只關心工作而不在乎她的不滿之下，她幾乎可以說是故意讓自己的外遇被發現，毫不掩飾的在半夜深情通話，經常出國旅行，甚至在接電話時讓老公也知道有個男人在她身邊，最終，當然是順利離婚了。

第三任就完美了嗎？或許當一個人對某件事物有所執念，就永遠不會有完美的時候。第三任老公雖然沒有陪伴問題，也沒有創業的問題，夫妻倆不會因為金錢爭吵，但是男人卻對性事興趣缺缺。雖然命主的慾望倒也不是如狼似虎，但是畢竟還算年輕，三十多近四十的年紀，正在虎狼交接之處，沒有肉體的摩擦怎能讓人產生愛情的火花，自然會重視床第之事。別忘記她可是有紅鸞天喜星在命宮遷移宮的人，每分每秒內心都散發著賀爾蒙，舉手投足充滿女人味，對他人來說，她是天菜一枚，令人垂涎欲滴，在老公眼中卻彷彿透明。話說回來，在她代表性生活的子女宮裡有文昌星，所以她在性生活上需要真是自己認定的老公才可以有所行動，但是別忘了，命宮具備桃花星貪狼一樣也會影響她對性的渴望。因此，老公無欲無求的問題，當然再度讓她覺得她的家依舊缺了一角。

一回生二回熟，當再度有人朝她勾勾手，熟悉的劇情就再度發生了。當她要說第四任的故事，其實我已經沒耐心聽了，於是我問她：「嗯，對方在婚後變了，所以妳愛上別人，這在古老的觀點中是大逆不道，在我看來卻還好，畢竟有時候那種嫁雞隨雞嫁狗隨狗的論點是很可笑的，嫁的時候是人，後來變成狗了，為何還要繼續這個婚姻呢？不過，妳可以離婚後再去找別人啊？」

其實，即便是她外遇，但是每一段婚姻離婚後，她都拿到了贍養費，顯然她的歷任前夫對她不差。（這張盤是我們學會上課時，討論如何用財帛宮看贍養費的經典案例。）而且她其實並沒有想要真正離開那段婚姻。所以才會讓自己無限輪迴在偷吃跟離婚的狀態內。大家會覺得很特別嗎？其實很多人都如此。

✦
✦
✦

我開始幫她分析她的命盤。對於命理的分析，我一向不喜歡那種命盤拿來就一路自說自話的作法。或許有些算命的客人會覺得這樣好像很厲害，但更多的是命理師覺得自己很厲害，彷彿自己跟神仙一樣，所說的都會應驗，所提出的建議都是絕對真理。其實，這是很大的一個問題。首先，命盤上唯一客觀的現實是現象的產生，比如離婚、結婚、車禍、公司倒閉等等。但是，也存在許多主觀的因素，例如命主對自身價值的認定，命主的生活價值觀往往跟命理師不同，例如對政治的立場和感情價值的認知。這些因素又往往會影響同一事件對不同人產生的變化結果。舉例來說，兩個人遭遇了車禍，個性緊張的人跟個性樂觀的人面對這個車禍現象的結果會有所不同。如果車禍後都涉及到婚姻狀態，個性悲觀緊張的人可能因此加深婚姻的問題，而樂觀的人或許剛好利用住院期間調整和梳理彼此的關係，甚至可能改善婚姻狀況。如果最終無法改善而離婚，對他的生活影響也相對較小，這些因素，自然使人生的走向大不相同。也因此，這種時候如果有命理師的建議介入，就可以有所調整。

當然，你可以說命理師應該要可以看出命主的價值觀啊，這當然是真的，我們後面將會就命盤來分析如何推斷出這位美魔女這麼想結婚的感情價值，這也是這張命盤成為教科書命盤的原因之一。但在實際的命理諮詢中，我還是會稍微和命主聊一下，避免自己的價值觀掩蓋了命盤上的訊息，這種習慣，我即使在入行多年、看過上千張命盤之後，依然依循著。我想避免讓自己成為那種自以為是的命理師，也避免用自己的價值觀做出判斷。前面的問答中，我一再提出為何想結婚的問題，就是希望透過回答讓命主面對自己的價值態度，我也因此確認了命盤上的跡象。

那天下午的天氣實在燠熱難耐，我希望可以快速解決問題收錢，所以我立即找出問題，並告訴她會再度遇見結婚對象的時間。我描述這個對象的大致外貌和性格類型。我也認真的回答她對未來對象的一些提問，例如從事哪方面的工作、對她好不好等等。最後，我告訴她，以她的命盤來看，她該如何維持婚姻，因為她的四次離婚都是因為她外遇。

這張命盤也是我在上夫妻宮課程時的經典教材。一個深深認為婚姻很重要的人卻在結婚後外遇，又在離婚後想再婚（其實這樣的人不在少數，只是大多數人在離婚後會接受社會價值，不再追求婚姻，但是她一直堅持）。因此，根據命盤，我也提出建議，讓她避免再度外遇（千萬不要以為六十多歲的女人不會外遇，更別說她經驗豐富）。

另外一個成為經典的原因則是，她每一次離婚都拿到了贍養費。一個外遇的女人竟然可以拿到贍養費，這段我通常安排在上財帛宮的時候教，還可以推測她拿了多少錢。這是我們教學的特色，讓命理學跟實務做連結，讓命理師用實際情況去判斷命盤跡象，並且找出合適的解決方案，而絕非用鐵口直斷的方式去論斷別人的命盤。就拿這位美魔女的命盤來說好了，在很多命理師口中，一定說她一生感情不順利，畢竟她一直離婚，也會說她不守婦道，因為她總是外遇。從傳統角度來說這樣的命盤就是個很糟糕的女人。但問題是，一個人的幸福是跟另外一個人相伴終身嗎？如果對方先去世了呢？如果對方並不是你真正想要的人呢？如果兩個人的價值觀隨著年紀和生活環境等種種因素產生差異了呢？難道也要為了一個看似正確的價值觀（跟一個人白頭到老等於很好的婚姻）而過上數十年不快樂的日子嗎？婚姻或者感情品質被傳統價值觀簡化成這樣扁平單一，真的是非常可笑——幸福是要兩個人綁在一起不離不棄，就算對方已經變得連他媽都不認得，你也要認得、你也要不離不棄。這是很奇怪的價值觀，甚至是我們許多人其實內心根本也做不到的價值觀，但是社會上卻有一股力量叫你必須這樣做，包含許多迂腐的命理師，用各種前世業障、今生蚊帳來恐嚇拘束你，達到他賺錢的目的，以及守護這種非常扭曲，而且很可能連他自己也做不到的價值觀。

我告訴美魔女：「別擔心，之後會出現一個對象，再過兩年。不過妳真的年紀不小了，到時候要多給他一點機會和時間，讓他多了解妳，或許他只是一時之間讓你感受不到家的感覺，但不要因為這樣想著離開。家是兩個人一起經營的，家人如果偶爾沒有把家事做好，也不要怪他，因為誰不是如此呢？就算妳再找下一個，也一樣會有這一時的疏忽，只要妳多給他一點時間跟溝通，兩個人就可以一直走下去，妳就不用再換老公了。」

美魔女想了一想說：「嗯，確實我一刻都無法忍受我的老公不重視家庭，而且會非常生氣。我知道自己年紀不小了，我會改變調整，希望真的可以好好的跟這個對象走下去。」

✦✦✦

美魔女的命盤（圖四十六）到底告訴了我們什麼呢？前面提到，美魔女主要有幾個問題需要釐清：

1. 為何一直希望結婚
2. 為何會外遇
3. 何時再出現會娶她的人

圖四十六／美魔女命盤

廉貞 貪狼 天鉞 天喜 命宮 巳	巨門 鈴星 父母 午	天相 福德 未	天同 天梁 祿 田宅 申
太陰 兄弟 辰			武曲 忌 七殺 官祿 酉
天府 天魁 左輔 科 夫妻 卯			太陽 火星 陀羅 僕役 戌
文昌 子女 寅	紫微 權 破軍 財帛 丑	天機 擎羊 文曲 疾厄 子	祿存 右弼 紅鸞 遷移 亥

根據她的命盤，我們可以看到她的本命命宮是廉貞貪狼，並且還有個天喜在上面。廉貞本來不算桃花星，但是當廉貞加上桃花星就會成為桃花星，這是因為廉貞本身具備了強大的磁場能量，所以當與桃花星同宮的時候，廉貞就會放大桃花的力量，也因此被認為具備桃花特質。

廉貞除了與天府、七殺同宮之外，其他時候都是跟桃花星同宮或者在對宮。而雙星組合時，旁邊的星曜會影響主要的星曜，例如廉貞貪狼、廉貞破軍，都表示廉貞的桃花被強化了，加上貪狼有更多的慾望、有更多不同人生的態度；加上破軍會受到破軍願意打破規則的價值觀所影響，讓廉貞在追求更多人生機會的同時，也願意用跟世俗不同的眼光去探索世界。這樣的人格特質在我們的生活中顯然是具備魅力的，有魅力自然就有桃花，更別說這位美魔女的命宮還有天喜星（對宮必有紅鸞星）。鸞喜是書上明訂會早婚的輔星，因此看到這個組合，基本上只要沒有遇到貪狼跟祿存或者陀羅星同宮，大機率都是相當迷人的美女，所以讓她在很年輕的時候就有眾多追求者，當第二大限出現了機會就可能邁入婚姻。

值得一提的是，在命理上說到婚姻的觀念，我們必須先了解，現代人的婚姻其實跟古代人是不同的，甚至各朝各代也是不同的。唐宋明清各朝代對婚姻的看法都不一樣，明清算是相對保守的年代，但在唐朝，只要我喜歡，連媽媽都可以娶，連兒子的老婆都能夠搶，這不只皇室如此，民間也一樣。那個年代的人才沒有什麼處女情節，那是不同時代背景的價值觀所造成的，所以在現代討論結婚這檔事，我們應該有不同的看法。這是在課程中我們反覆提醒的觀念——要用當下的情境去討論命盤上的跡象，不能死背書上的命盤解釋。命盤上說的是真實的現象發生，但是不同的跡象在各個時代會有不同的認定跟解釋。就好比說在清朝，女人如果住進男人家裡，這可得結婚才行，可是在現代，就算女人住進男人家，連女友都不一定算數了，更不要說是老婆。我們要秉持這樣的觀念去推論盤象，才能夠真正做到不囿於老舊觀念而誤判命盤上的訊息。拉回現代來說，結婚需要具備幾個跡象：首先要自己是在乎感情的，再來要有一定的動力，才會讓自己願意結婚，動力不夠就可能只是同居了。所以基本上要看結婚，命盤上大概會有幾個條件：

1. 運限命宮疊到夫妻宮或者是子女宮，當然疊到對面的官祿宮跟田宅宮也有機會，這表示在這個時間點，自己重視感情，或者希望有小孩、成家。
2. 要有對象願意跟你結婚，所以最好有紅鸞或天喜，或者至少需要有桃花星。

3. 需要有四化出現在運限盤夫妻宮或是命宮。如果命宮疊了夫妻宮，尤其是化忌，那麼想婚的心情會更加強烈。因為化忌代表空缺，內心的空缺往往是最大的動力，這會讓人更加想追求婚姻。

4. 飛化產生的四化。例如大限命宮化忌進大限夫妻宮、子女宮、田宅宮或者本命夫妻宮、子女宮、田宅宮，這表示這個大限的生命價值與想法，會造成這個大限的感情有所空缺，進而想要追求感情或者成家。

上述的條件中，基本上至少滿足其中一個，當俱足的條件越多，表示更會促成婚姻，通常也表示婚姻會比較能夠維持。

根據美魔女的命盤來看，其實她第二大限的結婚跡象還不夠明確，所以第二大限的婚姻應該是受到流年影響。我們說，運限的大事往往發生在頭尾時間，第二大限的頭一兩年，年紀還小，所以要看尾巴的那一兩年。我們會發現，她這時候的流年就有明確的跡象出現，因此可判斷她是在第二大限最後一年結婚，同時也可以判斷這段婚姻不會維持太久，因為只是受到流年的一時衝動所影響。

進入第三大限，這個大限不但是結婚跡象，也有離婚跡象，同時具備。如何判斷離婚呢？相對於結婚可能因為時代的社會價值觀變遷，而有實際上是夫妻關係但是不見得有簽約（結婚登記）的問題，所以前述文章說結婚需要具備足夠的動力「去結」。但是離婚就相對簡單了，離婚有兩個真實生活上的條件，一個是感情斷裂，一個是合約問題（婚約不再被履行），所以只需要在命盤上看到夫妻宮有破裂（兩個以上的煞星，或是怕煞星的星曜遇到一個煞星），或者是夫妻宮有變動（圖四十七）並且有煞星，這就表示感情有所變動。再加上夫妻宮、官祿宮、命宮、遷移宮有官非跡象（天相或文昌化忌），亦或是父母宮、疾厄宮有太陽、巨門、廉貞、天府、破軍並且遇到煞星，有這些條件就可以構成離婚跡象。

圖四十七／夫妻宮在四馬地，夫妻宮裡星曜為太陽、太陰對拱或天機、天梁對拱

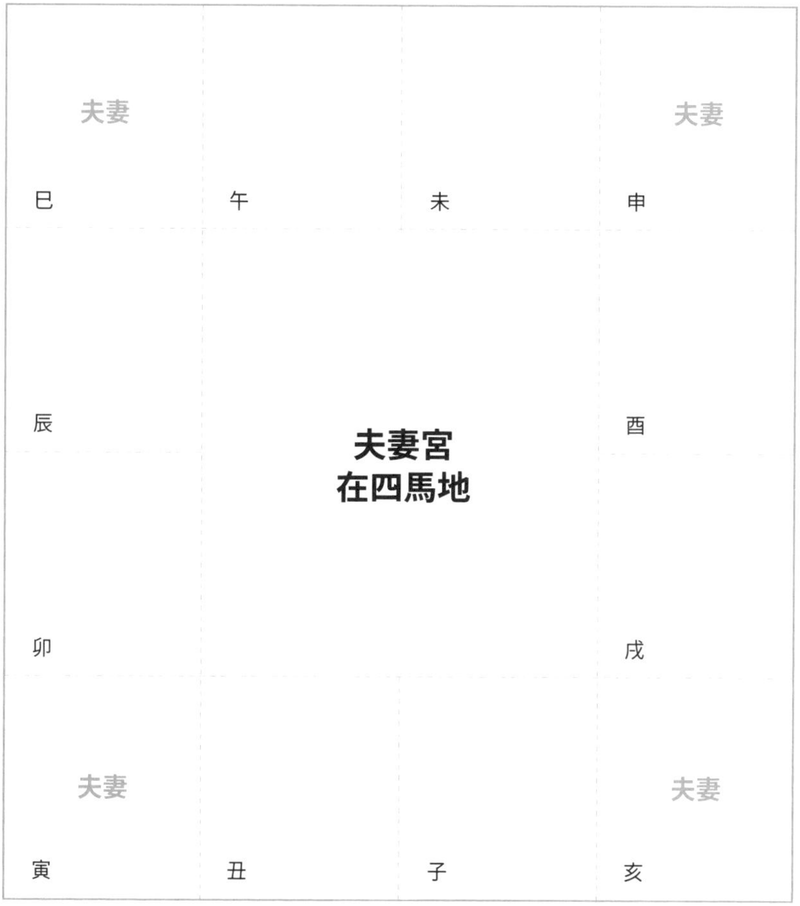

夫官線太陽、
太陰對拱
太陽
太陰
巳
午
未
申
辰
酉
卯
戌
寅
丑
子
亥

夫官線天機、
天梁對拱
天梁
天機
巳
午
未
申
辰
酉
卯
戌
寅
丑
子
亥

夫官線太陽、
太陽對拱
太陰
太陽
巳
午
未
申
辰
酉
卯
戌
寅
丑
子
亥

夫官線天機、
天梁對拱
天機
天梁
巳
午
未
申
辰
酉
卯
戌
寅
丑
子
亥

以上算是基本功，這張盤也是我課堂上給同學們的必備訓練。我們可以由這樣的角度去推論命主結婚離婚的狀況，加上她的命宮是廉貞貪狼加天喜，可見她在本命上已經具備一定的魅力，在運限上又有各種機會，所以才造就她早婚以及後面幾個運限中的其他段婚姻。

外遇的判斷也很簡單，這也是學會的夫妻宮課程中很基本的內容。所謂的外遇是指感情中有他人介入，所以我常說外遇的第一個條件是：要先有正宮。所以以下列出的條件都需要在本來就有另外一半的時候，才成為外遇的條件，如果你是單身那則是別的意思。外遇條件如下：

1. 運限夫妻宮內出現左輔、右弼、天魁、天鉞，代表有人進去幫忙你的感情了。
2. 代表兩種不同態度的星曜出現在運限的夫妻宮。也就是有兩個相同特質但是不同價值態度的主星在夫妻宮裡面，最明顯的就是太陽太陰同宮，這表示對感情有兩種不同的期待，並且有這樣的現象發生。另外，紫微天府、天同天梁也都屬於此類，不過這兩種組合還需要附帶桃花星，才會有足夠的機會發生外遇。
3. 當紅鸞在運限的夫妻宮，尤其如果還有出現結婚跡象，並且這時候你已婚，那就可能是外遇。因為已婚的你又想結婚，這當然是外遇出現了。

4. 夫妻宮內主星是桃花星而且出現化權。化權具有「兩個、雙」的意思，因為人往往要擁有一個以上，才能感受到自己掌握了權力。

上述的跡象都需要命宮或夫妻宮具備有桃花星，這是因為外遇需要勇氣或者是傻氣，並且要有人願意配合，所以如果桃花星跟煞星都具備，那就有更高的可能性是外遇。根據以上這些條件，美魔女在第三大限、第四大限都具備了結婚跟外遇的跡象，加上第二大限那段短暫婚姻，她至少結婚四次。不過這都不算是這張命盤真正精采的地方，真正精采的是她一直要結婚的原因。許多人認為這是因為她想得到贍養費，畢竟她真的拿到不少贍養費，但是如果是為了贍養費，她不該是自己去外遇呀，外遇的人可以拿到贍養費，這實在不太合情理，所以她想要結婚有其他的原因，這才是這張盤的重點。

我常說，命理就是人跟環境的關係，一個人的主要條件和特質幾乎都存在於本命盤上，這就是許多命理師只看本命盤就可以推算事情的原因，因為本命盤佔了一半的條件構成因素。不過，本命盤代表的是我們對於人生價值的追求，而實際在運限中所發生的很多事情，即使同樣的星曜構成的現象問題，也很可能因為每個人處理的方式不同，得到的結果也會不同。因此，雖然有一模一樣的狀況、一模一樣的星曜組成的現象，但是每個人會用不同的態度價值來做判斷並作為解決方法。這個不同的態度價值就是受到本命盤的影響。就像如果我們都遇到公司破產的問題，但是我們的解決方法會因為面對破產的態度而有所不同，這就是因為我們天生的個性不同，本命盤訴說的就是這個部分。因此，對於她為何一直想結婚其實要從本命盤來看。

從本命盤來看，我們會發現她的命宮暗合田宅宮，遷移宮暗合子女宮（圖四十八），這表示她自身深受家庭影響，也就是說她是一個很重視家的人。不過，暗合宮說的是宮位彼此的影響，要怎麼實際解讀家庭對她的影響究竟為何，則要看宮位裡面的星曜。她的命宮是廉貞貪狼，表示她對於家的追求除了具備期待（貪狼），更是希望自己的個性跟學習能力可以讓自己建構出一個很棒的家；暗合的田宅宮裡面有天同天梁且天梁星化祿，表示家庭相處融洽，且子女宮有文昌星（田宅宮的對宮，對家庭建構的內心想法），表示家庭的基礎需要建立在合法制度上，不能只是同居，必須是真正的合法組成。這就是她一直希望結婚的原因，也是她一直不放棄戀愛並且組成家庭的原因。因此，只要有機會她就會有所追求。

圖四十八／命宮暗合田宅宮，遷移宮暗合子女宮

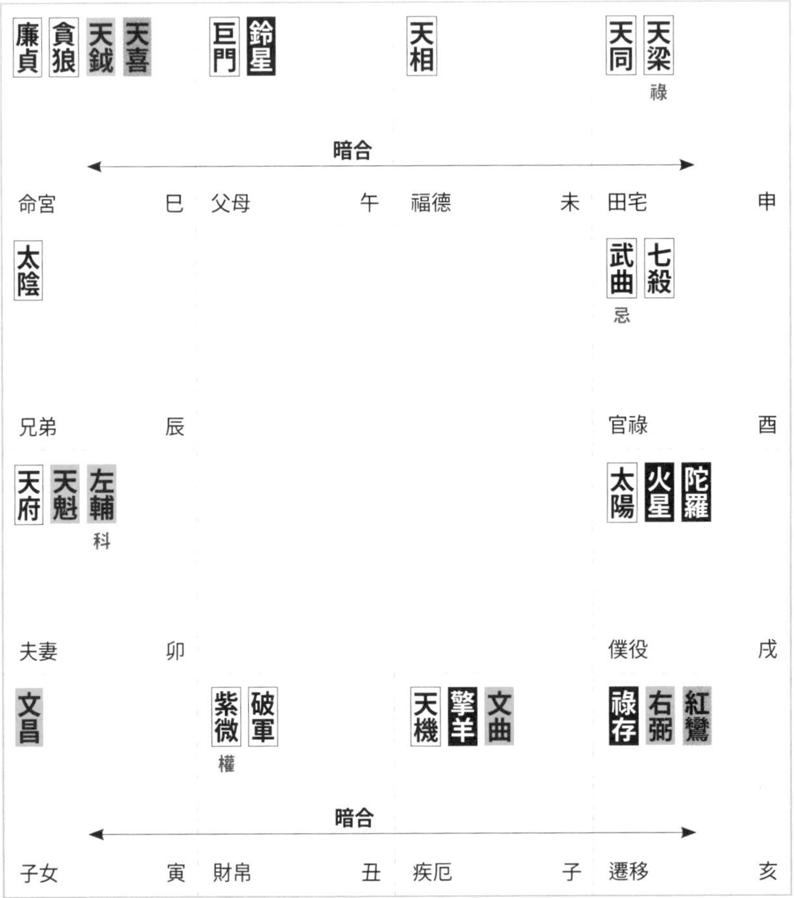

但是各位一定會疑惑，如果她真的這麼需要一個合法婚姻，為什麼她還會外遇呢？這是這張命盤的另一個重點。我們在討論命盤的時候最怕的就是陷入自己直觀的觀念中，或者用單一價值觀去理解複雜的人生。一個重視家庭的人不見得就不會外遇，因為她重視的是那個她心中期待的家，而不是現實中她跟另一個人組成的家。如果家的存在跟她的預期不同，那麼她就可能會去追求另外一個家的機會，因為她重視自己內心對家的期待。這是命理師常常會誤判的地方，因為我們常會被錯置觀念，以為結婚了，所以婚後的家等於就是老公，這就像絕大多數的命理師都會把夫妻宮解釋成老公，但實際上夫妻宮說的是感情態度跟狀態，老公不過是這個範圍內的一環，並不是直接等於感情，因為你的感情還可以有很多可能性。這是許多命理師學習很久卻一直無法突破的盲點，因為一開始的觀念錯了，就無法理解。

如果我們理解了感情的多面性，理解了命盤上自己對家的態度不等於另一半，就不會陷入觀念錯置所造成的錯誤之中。從這個角度來看，我們就可以理解，當美魔女的感情或者說當她對家的期待不如預期時，她就有可能另尋機會，因為她的目的在於希望擁有一個她心目中的完美家庭。從她的命宮跟子女宮、田宅宮來看，我們可以知道她所要求的家庭狀態是要享受、要有趣、要不斷有變化，可想而知當她老公實在不簡單，畢竟男人結婚以後往往開始失去浪漫跟情趣，一旦失去了浪漫跟情趣，當然就不再符合美魔女對家庭的期待。

我們常說，所有現象的出現都不會是單一理由，所以命盤不該單宮單星論。所有的現象都是許多理由所組成的，這才是現實生活中合理的狀態。以美魔女的命盤來看，一個生活美滿豐富的家庭是她一生的期盼，而她的命宮在四馬地，表示她是一個願意改變生活的人，命宮內的廉貞貪狼更加確立了她對生命有諸多的追求，這兩個條件構成了如果家庭生活無法達到她的要求，她就有可能會找尋其他的機會。再加上無論是本命的美貌條件，或者是運限中的各種追求者出現，有了各種選擇機會，就更加強她其實有外遇的條件與可能性，可見事件的發生往往都是一項項的構成原因所疊加建構出來的。最後再加上煞星的出現，煞星代表我們的情緒動力，情緒的出現讓我們常常會做出非理性的判斷，這也是為何我們明明受到教育跟文化洗腦婚姻等於家，所以理性上知道如果愛家就不該外遇，但是當條件俱足，卻外遇了。不過話說回來，她跟每一任的外遇都結婚了，這是因為文昌星在影響她，所以，對我們來說，是她外遇；對她來說，其實是追求另外一個她心中期待的家庭。

每個人心中都有屬於自己的價值，或許在某些人看來，美魔女就是個不斷外遇、不斷離婚的壞女人，不然至少也會評價她是感情不順利的女人，但是當我們懂得用更客觀的角度看待，而非主觀的用自己的價值觀審視別人，我們就可以發現每個人都有自己追求的價值。尤其是命理師，更應該用理性客觀的態度來面對命主，才能為對方找出適合的生活方式，真正幫助到對方。

看完她的命盤以後，她問我，她的感情是不是一輩子都不順利（應該是其他老師都這麼跟她說），我告訴她：「我覺得妳根本是人生勝利組啊！一輩子有魅力又漂亮，還可以一直換不同的男人來疼愛妳，這樣不是很好嗎？（老婆外遇還願意付錢離婚，這不是真愛什麼才是真愛！）感情跟食物一樣都有賞味期，這從命盤的夫妻宮最能看出來，這個大限彼此相愛，下個大限天干一換就彼此怨懟，可見人生會因為時空環境不同，造就人的價值觀產生變化，那我們如何能期待兩個人會永遠相愛？雖然有些人的賞味期是五十年，但是這樣的人很少，更不用說婚姻要長久維持需要兩個人的賞味期相同，難度實在太高了！妳能珍惜每一段戀情，其實妳的人生非常棒耶！」

命理師，應該給予人的是希望，以及幫助他們做出更好的選擇。一個人可以因為美貌、多金讓人羨慕，也可以因為一直結婚離婚讓人感嘆甚至嘲笑，因為看待事物的角度不同，價值觀跟看法也就不同，我們其實沒有資格去批判他人的人生，專業的命理師更是應該要尊重自己的職業，為命主找到人生價值的功課。在那個悶熱的午後，我除了終於不用擔心月底的房租，我還幫助到一個人找到自己的人生價值，讓她不再怨嘆自己婚姻不順利，讓她知道其實婚姻不能只有自己的規則與要求（那個文昌星作亂），還需要理解另外一半的想法，才能走得長久，這或許比攢足月底的房租更讓我開心。

06

拯救為愛不顧一切的自己

改運成功的秘密是對自我有深刻省思

這是關於一個女生成功改變命運，以自我意志把在愛情中失速的自己救出來的故事。

Eva的學歷普通，但是身材高挑，擁有開朗的個性與貌美的五官。大學剛畢業時，她對於職涯本來還沒有太多的想法，因為當時她正煩惱著跟即將要去當兵的男友該怎麼繼續交往下去，只是想得心煩又經不住朋友的哀求，於是答應陪朋友一起去考空服員，卻沒想到心心念念著當空姐飛遍全世界，最好還可以在商務艙遇到一個如意郎君的朋友沒有通過考試，Eva卻順利考上了。

★ **學習點**

1. 命盤上不倫戀的跡象
2. 命盤上的借貸跡象
3. 如何推論官非和牢獄之災
4. 借出的錢能否收回
5. 視事件影響力，選看大限或流年

這是一個在受訓期間就有四萬元薪水可以拿的工作，對於大學剛畢業而且武曲在遷移宮的 Eva 來說相當有吸引力。不過 Eva 當時的戀愛腦正在運作中，見不到男友的事情讓她很難接受，還好空服員的訓練繁忙，加上受訓完菜鳥的工作也相當繁重，沖淡了她對男友的思念。更重要的是，在航空業，她結識許多帥氣多金的機師，男友雖然是有呵護力的學長，卻似乎不再那麼迷人。Eva 帶著許多人羨慕的空姐光環，和機師歐巴拓展眼界，認識這個萬千世界，很快的，因為人手短缺以及自身的努力，她在很年輕時就成為座艙長，專門服務商務艙跟頭等艙的 VIP 客人。彷彿是一朵盛開的花朵逐漸退去了花期初始的青澀，在色彩艷麗最恰如其分時，被放進了花園中最多貴客走過的地方，可想而知她會得到多少的讚賞和追求了。

此時的 Eva 已經不同於大學剛畢業的時候，在看多了機長們的花心跟空服圈的各種女性鬥爭後，她雖然依然有戀愛腦特性，但是已經知道怎麼用腦，也知道怎麼藏起自己的鋒芒。她知道男人不只是要皮相好看、個性有趣，還要有能力，而且她也知道自己有條件有機會可以找到更好的。

更好的男人很快就出現了。在香港往澳門的一班短程航班上，那個男人一上機就逗得一位資深且嚴肅的座艙長學姊笑得花枝亂顫，尚不算資深的 Eva 雖然同為座艙長，也只能在學姊身邊陪笑。她看得出來這個男人相當聰明幽默，是個會到處放電，言詞中總是夾雜不多不少的曖昧字眼，顯然是個老手，卻不會讓人覺得低俗是個只想吃言語豆腐的色鬼，「這樣的男人一定名草有主吧！」Eva 在心裡下了判斷。

不過，緣分是可以被創造出來的。Eva 既年輕，笑點又低，對每個笑話臉上都漾出真心捧場的笑容（其實很可能只是無論聽到什麼就先笑再說的單純個性），在這個男人心中留下了印象。相對於那些因為知道他的身價而貼上來的女人，Eva 顯然更加吸引人。這個男人不知道是很有辦法的查到Eva的班表，還是真的如他所說，一切都是緣分跟巧合，在接下來的每個星期，Eva幾乎都可以在飛機上遇到他，甚至很奇妙的是，如果飛長途需要住在當地飯店，居然也可以在飯店門口遇到他。有這些如命運般的巧遇，Eva很快的就在某一次飛長班的時候住進他在飯店開的另外一間房裡。那一刻，Eva彷彿得到了全世界，畢竟他是很多學姐的夢中情人，想不到自己會成為他口中的最愛……

「痾，同學同學，我沒有想打聽妳的愛情故事耶！」面對在下課後故意留下來希望我幫她看命盤，結果一直跟我說愛情故事的學生，即使是美女我也沒什麼耐心，畢竟當時的我一天只有兩三小時的睡眠，買便當加個滷蛋都覺得很貴，時間對我來說太寶貴了，我只好趕快打斷她，拜託快說重點吧。

「妳就是愛上一個已婚的男人對吧？」我直截了當的說了。

「你怎麼知道！」她訝異的說。

她當時才剛開始上命理課，否則她就會知道發現對象已婚，就像發現自己有白頭髮一樣的明顯簡單。

「我怎麼知道不重要，妳兩個月後就會學到了。妳是不是借他錢啊～不過齁，他應該跑路了，還不出來了。」我馬上說出另一個重點，希望她快點死心回家，然後我可以去補個眠，畢竟我還需要熬夜寫教材。其實我語氣中帶有一點點的酸意，畢竟人在窮的時候對於各種可以拿到現金資源的人是很敏感的。怎麼就沒有人要借我錢啊（哼哼）。

「是啦～所以我想請老師幫我看一下，他會不會還錢給我？」她笑盈盈的說。

這是貪狼在命宮的人最標準的態度展現，只要不是真正踩到她的底線，貪狼往往對人的態度都很親切友善，即使我剛剛才酸了她一番。過去人們都認為貪狼在命宮的人，因為是大桃花星，所以有豐富的異性緣，而且他們通常也被認為十分貌美帥氣，畢竟顏值就是正義，有美貌帥氣當然就有異性緣分。然而，這其實是一個誤解。

貪狼星，尤其是跟武曲同宮或對宮的情況下，並不完全符合普世價值中俊男美女的標準（圖四十九）。這當然不是說他們不好看，但卻未必達到極品的俊男美女的水準。要成為極品，還需要其他桃花星的配合，才會讓人覺得是美貌跟魅力兼具，如果少了其他桃花星的幫助，貪狼的異性緣分完全來自於他們自身的魅力，也就是那種總是對人很親近的態度。他們為了要取得自己所需，總是可以想方設法親近你，而且往往較少表露自己的情緒。尤其跟武曲組合的貪狼更是如此，因為他們會務實（武曲）

的去完成各種人生追求，相對於其他人，他們更容易把不必要的情緒擺在一旁。

這樣的性格不論放在男性或女性身上都相當迷人。誰不喜歡和這樣友好的人相處呢？想必許多人都會深受吸引。這也是貪狼星被認為是解厄之星的原因，畢竟這樣的人容易跟各種人建立友誼，而且不容易捲入公司的派系鬥爭。大家有問題的時候，他們也往往很適合出面做中間人化解矛盾。顏值固然是王道沒錯，但是相處才是真正的內涵，個性才是真正吸引人的地方，貪狼星就具備了這條件。所以雖然當時我真的很疲憊，但仍然無法拒絕 Eva 的請求。

「拜託，人家都有老婆了，雖然他長得不錯能力又好，但是妳談談戀愛就好了，幹嘛還借他錢呢？等等，他應該滿有錢的，為何還需要妳幫忙，妳做空服員，收入跟他差很多耶，居然還借他錢。」我沒好氣的問她。

「是啊，他很有錢，很年輕就接家族生意，做得有聲有色發揚光大，但是做生意總是有風險啊，老師你不也是做生意出問題才改行嗎？」她說。

果然，即使貪狼在命宮，但是武曲在遷移宮就不太會掩飾自己的想法。我被她堵得一時語塞。

圖四十九／武曲貪狼同宮，武曲、貪狼對拱

兩個人燃起愛火交往之後，男人也沒有要隱瞞自己已婚的事實，看來真的是老手，知道女人可以哄不能騙，所以一五一十地跟 Eva 坦白他實際的情況。男人的坦白讓當時還算年輕的 Eva 很快就接受了這樣的關係，畢竟自己當空服員，飛來飛去的，時間很不一定，真的來個同樣年紀的男人可能會急著結婚要她安定下來，現在這樣的交往關係，雖然傷害了另外一個女人，但是其他的部分其實很棒，不但兩個人能利用航班跟出差的時間約會，而且每一次的飛行對她來說也不像是工作了，更像是飛到國外約會順便賺錢，機票還免費。而且在一起後，Eva 才真正見識到男人那張厲害的嘴，甜言蜜語不斷，加上各種細心跟體貼，還有許多的禮物，連她都忍不住把這個男人已婚的身分拋在腦後，至少在這一刻，她是最幸福的女人，許多女人努力了很久也換不到一天像這個男人可以給她的愛。

✦✦✦

隨著倆人的感情越來越深厚，她也更了解這個男人。原來這個男人的家族生意並不是那麼的完美，是一個明面上看起來不錯卻挖東牆補西牆的狀況。不過男人跟她說所有的企業都是這樣，沒有公司是完全不借錢不需要調頭寸的，這聽在遷移宮有著單純的武曲的 Eva 耳裡，她完全不加思索男人話中的真實性，甚至是聽過就忘，她只是在適當的時候，本能的做出表情反應，沒有一點思考，反正男人說話就是專心傾聽給予肯定，男人講笑話就是報以開心的大笑，管那個笑話合不合理。不過她慢慢的發現，男人不只事業不如他說的穩當，感情也是。男人全世界飛行視察的不只是生意，還有各地的情人。

然而，愛情至上的 Eva 雖然感覺到除了自己跟正宮之外，她還跟不少女人共同分享這個男人，但是已經被感情沖昏頭了，她只能一再的告訴自己，就去享受這個美麗的過程，其它的不重要，眼不見為淨就好。這可說是武曲的務實態度使然，武曲通常會很實際的去考慮自己所要的，也容易清楚自己要什麼，所以很多書籍說武曲的人比較呆板、不能變通，或者說會比較計較金錢，這樣的說法其實不對，或許武曲有可能這樣，但更重要的是他們其實是實際評估過後才會這麼做，而且一旦做了就不會後悔，因為這是自己的決定，是自己經過評估、自己覺得值得的決定。

即使知道這段感情終有結束的一天，Eva 也沒想過這一天來得那麼快。短短一年，這個男人對家族事業各種挖東牆補西牆的狀況開始疲於奔命，加上市場環境的改變，男人必須要面對公司即將出問題。他跟 Eva 已經因為事業問題而極度繁忙，將近一個月沒見面，終於好不容易喬出一個過境轉機的時間在新加坡碰面，一番溫存後，男人連平常習慣的事後菸都沒有心情抽，只是一直在房內走來走去，躊躇了半天，終於開口問 Eva 是不是能夠借他五十萬元人民幣周轉。（這個男人是廣州人，家族企業在中國境內為主。）

五十萬元人民幣大約是兩百五十萬台幣，這對一個當了快十年的空服員大約三十歲出頭的女人來說，說多不多但也不是小數目，可是她看得出來這個男人這時候需要她。她想了一下，她相信這個男人的能力，覺得他可以解決問題、可以翻身，就算失敗了公司倒了，那就當作是這一年多來他陪伴自己帶來這麼多美好回憶的代價好了，兩百五十萬再賺就有。兩個人之間的感情讓她看不得一向自信有著雄心壯志的男人有一絲絲的煩憂，於是隨即就把錢轉到男人的戶頭，並且給男人深情的擁抱，為他加油。

看到這裡，你會覺得這男人打從一開始就是來騙她的嗎？其實沒有，男人是真的身不由己。新加坡那次見面之後，Eva 就只在微信跟他斷斷續續的聯絡過，半年後就沒消息了，直到某天她收到一個來自男人帳號的訊息上頭寫著：「Eva，我是他妹妹，他要我跟妳說他被關起來了，錢的事情他會想辦法，但是短期內可能很抱歉沒辦法還妳。」

這封訊息發送的時候，Eva 正在太平洋上空，等她看到訊息時，已經無法聯繫了。接著每隔一段時間，男人的妹妹就會發訊息給 Eva 告訴她哥哥的情況，但是無論哪一次，只要 Eva 回撥都不會有人接。就這樣再過了半年，Eva 當然也就死心了。

事情的走向與她那晚的心中所想的，完全背道而馳，男人的事業垮了。而從後續妹妹給的訊息約莫可以知道，男人為了事業上的救亡圖存，鋌而走險作了犯法的事情，可惜出了問題，所以逃亡了一段時間，最後還是被抓了。Eva 縱然感慨，卻不停告訴自己反正一開始就知道這段感情不會有結果，但是畢竟是曾經深愛的人，每日每夜的焦急等待，讓 Eva 陷入了夜夜哭著入睡的狀況。哭的原因倒不是男人不要她了，如果說是因為男人為了回歸家庭不要她，或許她還可以釋懷，畢竟她一開始就知道男人總有一天會回到正宮身邊。她難受的是從這段感情回溯過去十年的感情狀況，生命中來來去去這麼多男人，看起來好像受到姊妹們欽羨，但是如今三十多歲的自己，除了一個讓人羨慕的空服員身分，和許多愛情故事可以說給兒孫聽之外，自己的人生到底還有什麼?難道自己要這樣繼續戀愛繼續飛，直到老去嗎?她身邊也有許多學姊是如此，因為空服員的工作不僅很難維持感情，即使結婚了也很難守住家庭。年輕時，全世界到處飛的工作讓人羨慕，可年紀一大，許多人的身體都出問題，而且跟家人根本沒有相處的時間，想要解決這個問題，除非她換到台灣國內航空，可以跟上班族一樣早上飛一趟日本，下午就回來，但是這樣的工作狀態薪水極低，是不是值得拿自己的生命去做這樣高風險的行業呢？

男人的離開，如果是其他星曜的人可能哭得死去活來，然後到處找人幫忙，心碎不已，但是貪狼在命宮、遷移宮是武曲的 Eva，很快的就用實際情況去考量自己要面對的狀態。兩百五十萬雖然不是很多，但是也用去了她這幾年大多數的存款，看起來男人是不會回來了，她該怎麼辦呢？貪狼坐命的她不希望自己就這樣勞碌一生，過去覺得這個工作不錯，是因為還沒有一個契機讓自己需要思考這些問題，而且也沒有現實的經濟考量問題，一旦時間點出現了，武曲星的特質就會發揮出來。她需要錢，但是要怎樣可以讓自己的事業不是一種看似風光，其實只比比公務員好一點，風險卻高出很多的體力勞動工作呢？

Eva 對愛情消逝的喟嘆，逐步轉成面對將來人生的無力感，下一步該怎麼走？代表內心的遷移宮裡的武曲星發揮了作用。她決定離開空服員的工作，回到台灣，重新開始。還好還有一點存款，她相信給自己兩年的時間，她可以找到自己真正的事業所在，找到人生下半場的重心。她已經看過愛情的萬千世界，現在要找尋真正屬於自己的人生，不再追求需要另外一個人配合才能擁有的幸福。但是借出去的錢呢？當然還是希望可以要回來，畢竟是武曲，傷心過後，該討的錢還是要討的。

「大約兩百五十萬對吧？」其實一開始她並沒有告訴我借了多少錢給男人，只說金額不少，但是我用命盤抓出一個概略的數字。（我們的課程有專門的時間教這個技巧，雖然在這個案例上沒什麼用處，欠多少用問的就好了，但在某些情況確實滿實用的，例如要跟人家殺價的時候，就可以看出人家心中的底價是多少。）

我一估算出借款金額，她略略瞪大眼睛馬上回應：「對！大概是這個數字，老師很厲害，怎麼看的？」

「下一期就會教，妳繼續報名就學得到。」耽誤我睡覺時間，我當然趕快趁機招生。

我再看了看她的命盤，「可惜應該是沒辦法拿回來了，這個人現在正在坐牢，大概再四、五年會放出來，不過他也沒錢可以還妳。」我無奈的說。

「對，他家人說他大概要關五年，但是他有說他會還我錢。」她努力的想從我這問出一個希望。

「喔喔喔，他家人說會那就會吧，妳可以等等看。」我一向不會去消滅別人的希望來證明我的實力。我算命準確與否，相較於命主對人生的希望，我真心覺得他們對人生的希望更重要，反正我能證明自己的地方很多，不差這一個。

因為這是自己的學生，所以即使睏得要命，我還是認真的幫她看命盤，也一併回答了一些學理上的問題，像是：

1. 怎麼看出男人已經結婚
2. 怎麼看出有借錢
3. 怎麼看出男人被關了
4. 男人還不還錢，從哪裡可以看出來

「那我們來說說為何他無法還錢吧？」我想快點切入正題。

「不要，你先跟我說怎樣可以看出來他結婚了。」看來她沒有放我回家休息的意思。

好吧，那就從怎麼知道這個男人的情況開始談起吧！我們要先知道男人是個怎樣的人、身處什麼情況，才能推算出他是否會還錢。

✦✦✦

在紫微斗數中，有個不需要對方的生辰八字就能夠看出來對方是個怎樣的人的方式——拿運限盤的官祿宮來當成是對方的命宮，然後以此排列出一張命盤出來。這是我們在夫妻宮課程會教的基本技巧，畢竟愛情中有太多時候得知道自己到底是遇到人還是鬼（圖五十）。

圖五十／運限官祿宮當命宮，建立出一張命盤

子女宮 運限父母宮 巳	**夫妻宮** 運限福德宮 午	**兄弟宮** 運限田宅宮 未	**以官祿宮當命宮** 運限官祿宮 申
財帛宮 運限命宮 辰			**父母宮** 運限僕役宮 酉
疾厄宮 運限兄弟宮 卯			**福德宮** 運限遷移宮 戌
遷移宮 運限夫妻宮 寅	**僕役宮** 運限子女宮 丑	**官祿宮** 運限財帛宮 子	**田宅宮** 運限疾厄宮 亥

這段感情能讓她如此的刻骨銘心，並且能夠改變她的人生觀，讓她從戀愛腦回到面對自己的內心，這一定不會是一兩年內的影響力而已，所以雖然他們真正從交往到分手的時間廣泛來說是三年，實際的相處時間大約不到兩年，但是還是要用大限的官祿宮去找這個男人的跡象，而非用流年的官祿宮。這是一個很重要的觀念，通常也是我們很多學生在上這部分課程的時候容易搞錯的。

我就不去討論她為何是戀愛腦了。依照她的命盤，她跟前男友的戀愛時間在第三大限，大約在26～35歲（虛歲27～36歲）。用大限官祿宮當作她前男友的命宮來看，前男友命宮是廉貞天相，對宮破軍，所以是一個聰明幽默、能力跟人際關係都不錯的男人（圖五十一），旁邊的父母宮還有天梁化祿，當老天會給予東西的星曜在父母宮，表示他是承繼父親的產業。命宮宮干為丙，造成天機化權在父母宮的遷移宮，也就是自己的疾厄宮，一方面表示因為自己的個性讓原本家中的產業有了轉變（天機星），並且轉變之後有更多發展的機會（天機化權，化權是掌握，而對應對宮的天梁化祿，表示用自己的個性掌握了公司的轉變並且掌握更多外來的機會）。

圖五十一／第三大限的官祿宮為男生命宮

巨門 天鉞 **兄弟** 父母 巳	廉貞 天相 **以運限官祿宮當命宮** 福德 午	天梁 祿 **父母** 田宅 未	七殺 **福德** 官祿 申
貪狼 **夫妻** 命宮 辰			天同 火星 **田宅** 僕役 酉
太陰 天魁 **子女** 兄弟 卯			武曲 陀羅 忌 **官祿** 遷移 戌
紫微 天府 文昌 左輔 權 科 大限命宮 **財帛** 夫妻 寅	天機 **疾厄** 子女 丑	破軍 擎羊 文曲 右弼 **遷移** 財帛 子	太陽 祿存 鈴星 **僕役** 疾厄 亥

可惜的是，這個命宮是廉貞天相，而且宮干是丙，造成命宮廉貞化忌，表示這個人會希望用最快的方式取得成功，他覺得自己可以用不同於以往而且更快速的方式來完成夢想（廉貞是外交，加上天相是人脈跟拓展人脈的機會，宮位內的宮干造成宮位內星曜化忌是自化忌，表示自己認為自己可以做到，這說明他認為自己可以用自己的能力創造出更多的機會）。很多時候大家會無法理解化忌，會納悶這不是空缺嗎？怎麼說是更多機會呢？沒錯，正因為是空缺，他覺得自己做得不錯，他會更有動力去創造更多機會，並且沖對宮代表夢想的破軍，引發他內心對夢想的期盼，加上代表了行動力的父母宮和疾厄宮，天機、天梁在這這裡表示有不斷的變動。這樣一看，對自己有期盼、有夢想、有行動力，還有家族的庇蔭，加上外貌與能力，這樣的人當然是人中龍鳳，桃花滿滿，而且對於事業非常敢下賭注。

繼續用這個虛擬出來的男方命盤來看，官祿宮是武曲，加陀羅，表示工作上有資金的問題，恰巧財帛宮卻是紫微天府，紫微還化權，是一個面子裡子都要，還希望能夠掌控一切的皇帝，可惜的是，雖然這樣的個性與對自己的期盼，卻沒有足夠的事業能力來支撐（官祿宮），甚至在工作上的財務調度還出問題（圖五十二）。

圖五十二／男生命宮天干造成廉貞化忌、天機化權

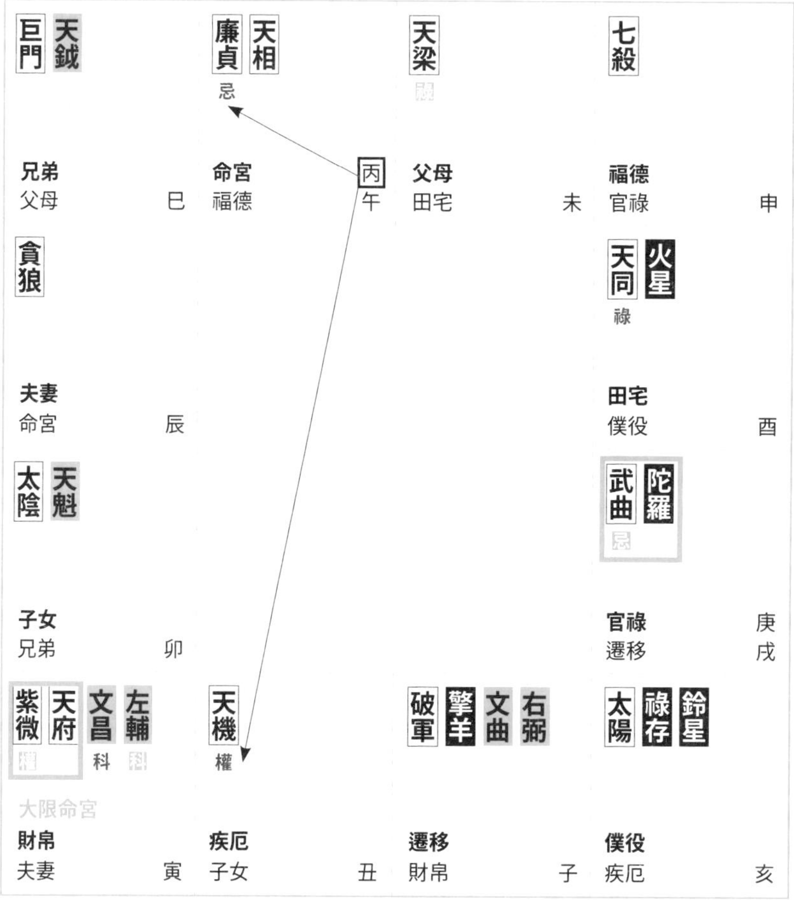

出問題就算了，官祿宮的宮干為庚，造成命宮天相化忌，工作上缺錢，讓他願意鋌而走險去破壞規則。天相化氣為印，表示這是蓋了章的承諾，是規則的守護者，但是這個規則卻造成空缺，代表一定是規則出了問題。如果規則是自己的，那麼自己改了規則，就是出了問題；可是兩個人約定的事情，其中一人修改了，這叫違約；跟國家的約定，自己片面的改了，就是違法，也就是所謂的官非。你或許納悶，我們有跟國家做約定嗎？其實這裡說的是一般國家社會組成而一同約定的法律。這男人因為自己工作上的缺錢問題，讓自己在行為法則上開始不按照正規的方式做事，犯法是遲早的事情。

依照這個方式來看，同時間，Eva 的大限夫妻宮裡面有個右弼、擎羊，表示在感情中還有另外一個女人，官祿宮有廉貞天相（感情在外的呈現）有屬於約定的星曜出現，表示這個感情在外人看來其實是違法的，也就表示這個男人已婚，Eva 是違反了一般社會價值上人與人的約定。就算不看廉貞、天相、破軍這樣的主星，光看文曲星在夫妻宮內，也可以知道這男人多有巧思跟浪漫，以及可以為了自己的需求去做多少破壞規則的事情，例如想辦法拿到 Eva 的航班時間。世間一切的浪漫都要建立在旁人可以感知到的氛圍中，這才能讓女方覺得自己是特別的，而這正是這個男人拿手的好戲，也因此Eva對他一點抵抗力都沒有，甚至願意為了這個男人打破自己原本的規則。（夫妻宮官祿宮內的星曜，一方面代表遇到的人，也表示我們在感情中的態度跟表現，很多人對這點無法理解，其實只要想想，你一定是遇到瘋狂的人才能夠談上一段瘋狂的愛情，瘋狂的愛情也才能讓你展現你對愛情的瘋狂不是嗎？）

我一番分析之後，Eva 連連的點頭，但還是忍不住希望我快點告訴她到底能不能把錢拿回來，也很好奇為何我知道這男人的公司不行了，而且正在逃亡。

「妳看這個盤」，看在是學生的份上，我幾乎手把手的帶她看盤，「用丙天干衍生出來的四化，代表了這張虛擬的前男友命盤，剛好有個天同化祿在田宅宮，這表示他有許多的房子，且對宮有太陰星、天魁星，這是家族中母系的貴人在幫他，通常應該是舅舅。一個人身處犯法的情況，還可以在家裡爽吃爽喝有人照顧，這絕對不會是在監獄，而是在逃難，不過他即使逃難也過得還不錯。

她連忙補充：「對對對，他是一個可以把自己過很好的人。我懂這個用自己命盤來看另一半的看法了，但是為何用的是第三大限呢？現在是我的第四大限啊，而且其實我整個十年也不是只跟他交往過。」Eva 帶著不理解與一點靦腆的表情說道。

「因為第三大限是妳跟他認識交往的時間。雖然妳在第三大限中不只跟他交往，但是他是影響你最多的人，所以還是可以用這個大限的官祿宮來看他，妳最愛的應該是這個人沒錯吧。另外，妳在大限內會因為感情而有連帶的需要注意的官非跡象，以及影響妳的財務，因為這個大限的夫妻宮跟官祿宮剛好疊到你本命盤的財帛宮跟福德宮，大限的命宮是壬天干，帶來了大限的擎羊、陀羅跟化忌，剛好造成妳財務問題（大限擎羊在本命財帛宮，加上破軍星也在裡面，妥妥的破財跡象）。陀羅星在大限財帛宮跟武曲放在一起，武曲還化忌，這破財破得根本就是教科書等級。更不用說代表感情的夫妻宮宮干為壬，造成大限財帛宮又一個武曲化忌（圖五十三）。」

圖五十三／第三大限命盤

巨門 天鉞 **大限田宅宮** 父母 巳	廉貞 天相 **大限官祿宮** 福德 午	天梁 祿 祿 **大限僕役宮** 田宅 未	七殺 **大限遷移宮** 官祿 申
貪狼 **大限福德宮** 命宮 辰			天同 火星 **大限疾厄宮** 僕役 酉
太陰 天魁 **大限父母宮** 兄弟 卯			武曲 陀羅 大限陀羅 忌 忌 **大限財帛宮** 遷移 戌
紫微 天府 文昌 左輔 權 科 權 科 **大限命宮** 壬 夫妻 寅	天機 **大限兄弟宮** 子女 丑	破軍 擎羊 文曲 右弼 大限擎羊 **大限夫妻宮** 財帛 子	太陽 祿存 鈴星 大限祿存 **大限子女宮** 疾厄 亥

這麼刺激的跡象，通常在大限中會是頭兩年跟尾兩年發生，我想應該是尾兩年發生的，否則妳不會直到最近還在煩惱。因此我要從第三大限來看，而非妳現在的第四大限，從事情發生的起點看到事情的起源與原始樣貌，包含你們的認識情形、他的樣子、你們之間的感情態度、他是一個怎樣的人。至於妳擔心的問題，像是他到底會不會還錢以及他現在的情況，才是看現在的第四大限，或者嚴格來說要去看當下的流年。依照目前流年來看（那年是二〇一八年），他應該在今年被抓到正在坐牢，對吧。妳換大限以後，大限的天干造成巨門化權，用二〇一八年流年官祿宮當成是他的命宮來看，他的田宅宮剛好會是巨門化權，但是同時間他的福德宮財帛宮剛好形成因財犯事的跡象，妳看他的流年福德宮剛好是貪狼化忌，對面還有原本的武曲化忌，還有一個陀羅，他應該是是今年的農曆二月或三月進去的，因為今年妳貪狼的位置有補入流年的陀羅，組成足夠的條件（圖五十四）。」

圖五十四／第 4 大限的 2018 年天干為戊

巨門 權 天鉞 大限官祿宮 父母 巳	廉貞 天相 大限僕役宮 福德 午	天梁 祿 大限遷移宮 田宅 未	七殺 大限疾厄宮 官祿 申
貪狼 忌 流年陀羅 大限田宅宮 命宮 辰			天同 火星 大限財帛宮 僕役 酉
太陰 科 天魁 大限福德宮 兄弟 卯			武曲 忌 陀羅 流年命宮 大限子女宮 遷移 戌
紫微 權 天府 文昌 左輔 科 大限父母宮 夫妻 寅	天機 大限擎羊 大限命宮 癸 子女 丑	破軍 祿 擎羊 文曲 右弼 大限祿存 大限兄弟宮 財帛 子	太陽 祿存 鈴星 大限陀羅 大限夫妻宮 疾厄 亥

「妳想想，一個財運很差、命宮很差，還犯官非的人，為何可以擁有兩個房子或者說兩個家（田宅宮巨門化權，化權有兩個的意思）？當然就是因為被抓去關了啊，一個是家、一個是監獄。這就是他目前的情況，我覺得他大概要被關上四、五年吧。」

「怎麼看怎麼看！」她暫時忘記了自己被男人借走的錢，對命盤好奇了起來。

「怎麼看？妳學費繳得夠多就可以知道了啊，哈哈哈哈哈。」怎麼看出獄更為複雜，所以我放棄跟她說明了，畢竟真的很晚了，我只想快點告訴她錢拿不回來的，可以死心了，好好學命理吧！

「錢能否拿回來，通常需要幾個判斷點，首先要確定他是怎樣個性的人，有的人就算有錢也不想還妳的，所以要先知道他的個性如何。再者，他在乎妳嗎？其實這兩個問題通常是連貫的，因為他可能對別人冷血，但是對妳無法不仁不義，或者是視兄弟如手足，視女人如衣服，他隨時就是準備把妳賣了，所以無論如何我們要看的就是他對妳的態度，最後才是看他是否有錢可以還，因為他可以有想還錢的心，但是沒辦法還。最後一點，雖然相對不重要，但妳是否收得到錢，因為有時候即使對方願意給、有錢給，妳也不一定能拿到，例如妳先死了哈哈哈哈哈！」我看到她一陣白眼翻到後腦勺。

「別這樣啊，來來來我們看看他是不是真的愛妳，或者他更愛他自己。」我憋笑著說。

這部分當然還是把 Eva 的命盤拿來使用，用運限的命盤去模擬出前男友的命盤，然後去看這些訊息。不過有個小技巧，就是到底要用認識時的大限命盤，去看這個人是怎樣的人，還是要用找出他現在狀況的流年命盤，去看看他是否愛 Eva 呢？

基本上，兩個都要看，因為大限的命盤說的是他是一個怎樣的人，以及他對 Eva 的態度，但是人會受到當下環境的影響，或許剛認識的時候很愛，但是現在因為在逃難或者是可能被老婆發現了，他想愛也無法愛。時間會改變很多事情，而紫微斗數在時間的概念上有非常深刻的著墨，讓我們推算事情的時候，可以非常精確的抓到時間點的發生，以及隨著時間演變所產生的各種變化，這就是運限盤用於在判斷事情時的重要性。

我們從第三大限來看這個男人是否愛 Eva，要怎麼看呢？在感情上當你很愛一個人，會有一種不能沒有他的感覺，少了他，心中如同少了一塊肉，失去他，彷彿生命不完整，這是一種空缺感，一種無論金錢美食各種事情都無法填補內心空虛的感覺。這當然就是代表著空缺的化忌了。也就是說如果 Eva 可以造成那個男人在跟感情有關係的宮位化忌，就表示在感情上，Eva 讓那個男人產生空缺，這男人的空缺需要 Eva 才能填補，這當然就表示男人是深愛 Eva 的。第一個問題來了，代表情感的宮位有那些呢？當然是夫妻宮，以及代表感情內心世界的官祿宮，還有代表自己內心的遷移宮，以及代表精神跟心靈的福德宮，最後是命宮，畢竟命宮代表了整個生命價值跟狀態。第二個問題，什麼會代表 Eva 的影響力呢？一個是 Eva 的出生天干，這表示她天生具備的特質，還有運限的命宮天干，表示這個大限她所具備的特質跟展現出來的樣子，當然還有本命盤上的夫妻宮天干，這表示她天生的感情態度，最後是大限的夫妻宮，表示這個大限她對感情的態度表現（圖五十五）。

圖五十五／以第三大限為例，會影響對方的天干

巨門 天鉞 父母 乙巳	廉貞 天相 福德 丙 午	天梁（祿） 田宅 丁未	七殺 官祿 戊申
貪狼 命宮 甲 辰	**出生年天干為壬**		天同 火星 僕役 己酉
太陰 天魁 兄弟 癸卯			武曲（忌） 陀羅 遷移 庚戌
紫微（權） 天府 文昌 左輔（科） **大限命宮** 壬 夫妻 寅	天機 子女 癸丑	破軍 擎羊 文曲 右弼 **大限夫妻宮** 壬 財帛 子	太陽 祿存 鈴星 疾厄 辛亥

而男方的夫妻宮相關宮位（圖五十六）的主星是：夫妻宮貪狼，官祿宮武曲，福德宮七殺，命宮是廉貞跟天相，所以我們只要找到Eva的出生年天干，以及本命命宮、夫妻宮，大限命宮、夫妻宮這幾個宮位的天干，有造成貪狼，廉貞，天相，武曲這幾個星曜化忌就可以了（圖五十七）。

圖五十六／男生的虛擬命盤

巨門 天鉞 **兄弟** 父母 巳	廉貞 天相 **命宮** 丙 福德 午	天梁 祿 **父母** 田宅 未	七殺 **福德** 官祿 申
貪狼 **夫妻** 命宮 辰			天同 火星 **田宅** 僕役 酉
太陰 天魁 **子女** 兄弟 卯			武曲 陀羅 忌 **官祿** 庚 遷移 戌
紫微 天府 文昌 左輔 權 科 **財帛** 夫妻 寅	天機 **疾厄** 子女 丑	破軍 擎羊 文曲 右弼 **遷移** 財帛 子	太陽 祿存 鈴星 **僕役** 疾厄 亥

圖五十七／依據附圖五十五圈選相關宮位天干，造成男生虛擬命盤星曜化忌

巨門 天鉞 **兄弟** 父母 巳	廉貞 忌 天相 **命宮** 丙 福德 午	天梁 **父母** 田宅 未	七殺 **福德** 官祿 申
貪狼 **夫妻** 命宮 辰			天同 火星 **田宅** 僕役 酉
太陰 天魁 **子女** 兄弟 卯			武曲 忌 陀羅 **官祿** 庚 遷移 戌
紫微 天府 文昌 左輔 **財帛** 夫妻 寅	天機 **疾厄** 子女 丑	破軍 擎羊 文曲 右弼 **遷移** 財帛 子	太陽 忌 祿存 鈴星 **僕役** 疾厄 亥

十天干對應化忌星曜

天干	化忌星曜
甲	太陽
乙	太陰
丙	廉貞
丁	巨門
戊	天機
己	文曲
庚	天相
辛	文昌
壬	武曲
癸	貪狼

從命盤上我們可以看出來，Eva 造成男人官祿宮武曲化忌，因為 Eva 生年天干是壬，壬干武曲化忌，所以是她天生的特質讓男人在感情上覺得不能沒有她。而且因為武曲是務實的星曜，這表示 Eva 讓男人覺得她是個很實在的女人，這樣的個性特質很吸引他。我問 Eva，他是不是覺得妳不像他認識的其他女人，長得漂亮但是只會想跟他拿錢又是花瓶，他覺得妳跟他在一起不要求金錢，而且妳的個性很實際，卻不會無趣（武曲對面有貪狼）。

「沒錯，老師，他就是覺得跟我相處很簡單，而且我不愛他的錢。」她說。

另外，Eva的福德宮是丙天干，所以讓男人的命宮廉貞化忌，我告訴Eva：「這表示妳的價值觀跟對愛情的表現都很吸引他，他覺得跟妳在一起之後，讓他對愛情有很多不同的看法，甚至他其實想為了妳跟老婆離婚。」

「確實是這樣，但是為什麼呢？其實我沒有逼他一定要娶我。」Eva說。

「因為妳造成了他命宮化忌，是廉貞化忌，廉貞原本是個會約束自己的星曜（廉貞化氣為囚，指的是這個星曜的核心價值是對自己的約束），但是妳讓他化忌了，所以他因為妳，會去打破這個約束。至於為何說他因為妳而想離婚？因為你們兩個人是建立在感情上，他能夠為妳打破的狀態，基本上就是婚姻，也就是離婚。所以看起來他是愛妳的耶！」我說。

「當然啊，不愛我的男人我幹嘛跟他在一起。」Eva這下倒是自信滿滿了。

（我很想吐槽，其實很多女人都以為男人愛她，可男人是在騙她耶小姐。）

判斷出男人對 Eva 是真情還是假愛之後，現在來看看是否能夠把錢拿回來吧。基本上就是看子女宮或田宅宮是否會有化祿或者是祿存，主要是化祿，因為四化是星曜產生變化而造成宮位產生變化，簡單來說就是我的星曜有了變化之後，讓我的財庫有了「多出來的部分」，這就可以被認為是財庫有了錢。不過，縱使財庫有錢，也可能是爸爸給我的錢、公司發的獎金、我賣東西賺來的，有各式各樣的可能，所以第一步是檢查有沒有錢，第二步就是檢查這個錢是否是那個男人給的。

那個男人是 Eva 的戀愛對象，在正常情況下，如果她只有這個男人，加上看來彼此是深愛的，所以當然可以把這個男人視為她的官祿宮（夫妻宮的對宮是感情的展現跟內心所在，可以被認為是自己的另一半，因為我們面對感情時的內心以及外在展現出來的樣子，通常會跟另一半息息相關）。因為這是一筆大錢，而且這段感情對 Eva 的影響也頗為深遠，所以我們同樣應該用大限來看。前面有提到，大限的官祿宮代表了這十年內她最愛的一個人，這個男人是否會給她錢，就用大限官祿宮當成這個男人的命宮。而給錢算是一種財務行為，所以用官祿宮當男人的命宮之後，去看這個男人的財帛宮。這時候這個男人的財帛宮一定會是 Eva 的命宮，所以基本上用這兩個宮位的天干去看是否造成 Eva 的子女宮或田宅宮有化祿，可以是大限的也可以是本命的。男人的財帛宮有化祿進 Eva 的田宅宮（圖五十八）。

再用下一個方法看。是否大限的官祿宮或命宮（男人的命宮跟財帛宮）剛好有化祿並且疊在 Eva 本命的子女宮或田宅宮（圖五十九）。不過即使是上述的情況都符合，也需要再看這個男人是否有錢，所以還要檢查他的財帛宮、子女宮、田宅宮還有命宮的狀態。命盤顯然狀況不好，表示這個男人心有餘而力不足，一樣是不會還錢的。

我只好跟她說：「小姐，我看是很困難。他家裡需要錢，短期內也很難翻身了，所以應該是無法還妳錢。」其實我不好意思說這男人壓根兒沒有打算還錢，他會先照顧自己。

Eva 聽完笑了笑說：「沒關係，反正當時借他錢就是一種感情的付出，感情沒有在計算的，就當作是我感謝他對我這幾年的陪伴好了。」

真不愧是武曲的女人，大氣而簡單。後來她在我的學會中果然學得相當不錯，成績很好而且幫了我許多的忙。

圖五十八／男生的命宮、財帛宮有無造成命主，本命或大限的子女宮或田宅宮化祿

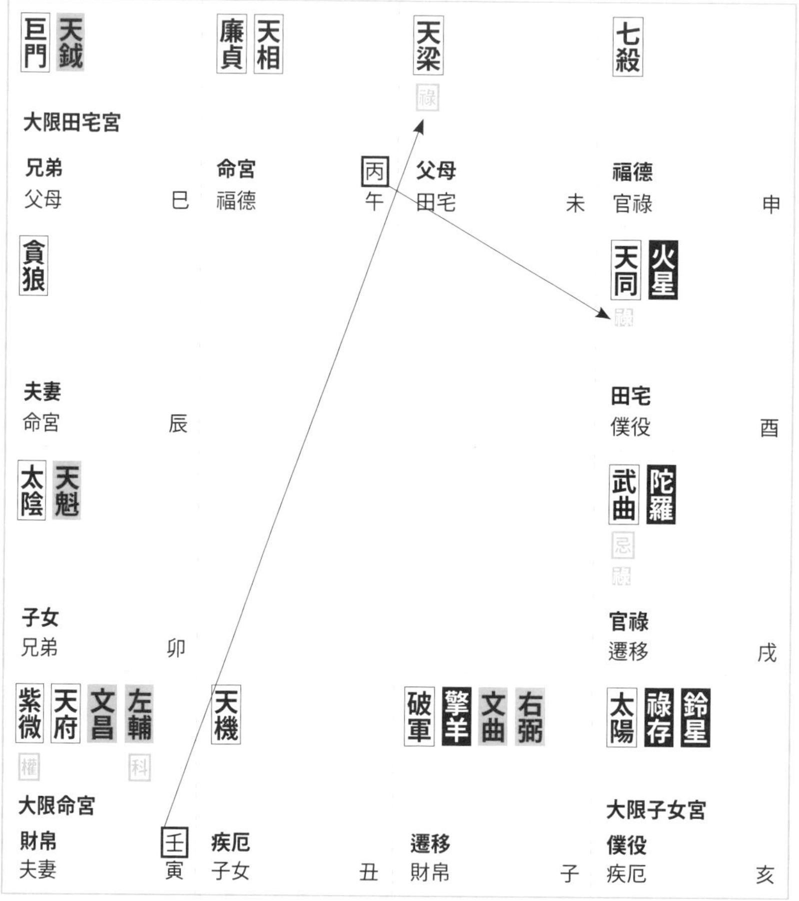

圖五十九／男生的命宮、財帛宮有無化祿，且重疊命主的本命子女宮或田宅宮

巨門 天鉞 兄弟 父母 巳	廉貞 天相 命宮 丙 福德 午	天梁 祿 父母 田宅 未	七殺 福德 官祿 申
貪狼 夫妻 命宮 辰			天同 火星 田宅 僕役 酉
太陰 天魁 子女 兄弟 卯			武曲 陀羅 忌 官祿 遷移 戌
紫微 天府 文昌 左輔 權 科 財帛 壬 夫妻 寅	天機 疾厄 子女 丑	破軍 擎羊 文曲 右弼 遷移 財帛 子	太陽 祿存 鈴星 僕役 疾厄 亥

後記

那一刻，我們之間有條看不見的繫線

紫微斗數其實可以不需要生辰

主導目前華人世界佛教宇宙觀的大乘佛教華嚴宗，所依據的重要經典《華嚴經》其中有一段是華嚴宗的創辦人法藏法師跟武則天的著名對話，後世稱為《華嚴金師子章》，這段對話的背景展現了武則天對佛教的熱愛。身為華人世界唯一的女帝，毋庸置疑的，她擁有了高度的智慧，在相信佛教宇宙觀能為自己帶來更高視野的同時，她也希望可以用更科學更具有邏輯思維的角度來了解這個世界。華嚴宗的法藏法師也在這個背景下，建立起影響後世全球二十億華人的大乘佛教宇宙觀的華嚴宗。這個《金師子章》傳說也是後來武則天在《華嚴經》完成後，翻閱經書寫下的著名的開經偈：

無上甚深微妙法，百千萬劫難遭遇；我今見聞得受持，願解如來真實義。

金師子章最主要是用佛教的世界觀來為武則天說明大乘佛教的教義，開頭便說：

初明緣起，二辨色空，三約三性，四顯無相，五說無生，六論五教，七勒十玄，八括六相，九成菩提，十入涅槃。【明緣起】謂金無自性，隨工巧匠緣，遂有獅子相起。起但是緣，故名緣起。【辨色空】謂獅子相虛，唯是真金。獅子不有，金體不無，故名色空。又復空無自相，約色以明。不礙幻有，名為色空。【約三性】獅子情有，名為遍計。獅子似有，名曰依他。金性不壞，故號圓成。【顯無相第四】謂以金收獅子盡，金外更無獅子相可得，故名無相。【說無生第五】謂正見獅子生時，但是金生，金外更無一物。獅子雖有生滅，金體本無增減，故曰無生……

這其中談到華嚴宗宇宙觀中的六相圓融與十玄法門，也可以說是佛教在很早就提出了多重宇宙跟全息影像的觀念。在佛經中還說到更多深層的人生含意，主要利用佛教的宇宙觀中「任何事物皆有其起因」的概念，既然是因緣起，自然原本就不存在，也就是佛法上所說的「空」。世間萬物原本就不自己單獨存在，都是由各種緣所組成。

而金師子其實是金獅子，師跟獅是變體字，或者可能是因為要寫在佛經上，所以改了字體，少去代表畜生的部首。這個金師子說的是當時武則天的皇帝殿前有一對金獅子，古代中國是沒有獅子的，所以我們對於獅子的印象是來自外國文化所傳遞，對獅子形象的想像來自於外國的工匠工藝，或者是捕獲進貢，並且由文人加油添醋的描述。而這對金獅子是印度進貢，可能是印度或者是中亞的工匠所創作。

法藏法師利用這對金獅子為何來到大殿的這個緣分，讓武則天了解幾個重要的宇宙觀。

首先，黃金本來只是單純的黃金，需要經過巧匠打造才成為獅子，而不同的巧匠就會打造出不同的獅子樣貌。再者，獅子不可能平白無故的被打造出來，必然是有其目的，可能是為了收藏，可能是為了送禮，最後輾轉的被送到武則天手上。可又為何不是送到其他帝王手上呢？

從這對金獅子出現在皇帝殿的過程，為武則天描述大乘佛教或者說現今佛教幾乎已經被公認相對成熟並且描述完整的宇宙觀。

那麼該如何去理解佛經中所謂「空」的概念呢？沒有了印度需要朝貢武則天的目的，沒有了工匠，沒有了採黃金的工人，沒有了淬鍊的工人，沒有許許多多不同的緣分，便建構不出殿前的這對金獅子，所以說，我們所見的金獅子其實是空的，是多重緣分所組成。也以此順勢解說了所謂的「六相」、「十玄門」等等更深入的佛教宇宙觀，帶出相對應的佛法智慧，以及了解宇宙真相之後，我們該做的修行，也讓武則天更加了解佛法，進而得到武則天大力的支持（簡單來說就是法藏法師用一個簡單的故事說明了一個符合邏輯的宇宙觀，並且很真實的告訴武則天，如果宇宙是這樣運作的，那你該做些什麼。最終順利的說服武則天，得到皇家支持）。

會在本書的最後說起這個故事，不是為了介紹佛教，而是這個故事恰恰說明了命理學的一個重要觀點——宇宙中所有的人事物都應該是彼此有其關聯存在。

我們每個人由自己生命中的許多事情建構而成，所以才有屬於自己的人生，才有我們是一個怎樣的人，而我們的人生又會受到他人的影響，當然我們也影響著他人，而且不只是人，還包含自然環境中的各種事物。整個宇宙是如此被建立出來的，而命理學必然就是在這樣的架構下被整理出來，可以作為我們替人生找出脈絡的工具，所以全世界無論哪個文化的命理學工具，其實都是在討論人跟環境的關係這樣的學理結構。

既然如此，我們便可以從人生中的某些節點，回推出可能發生的事件，或者說可以利用某些訊息去復原事件的全貌。

在ＡＩ大爆發的年代，就有專門做繪圖軟體的公司，製作出可以利用一小張照片，以ＡＩ運算去合理的模擬出這張照片的整個巨大的背景，讓攝影師可以更好的創作或者修復照片，其中所使用的觀念其實跟命理學的思維邏輯十分相似，都是利用一部分的訊息合理的推算出全貌。這樣的觀點在命理學中被大量的使用，只是知道的人並不多，因為這個技術被藏得很深。只要是體系完備的命理學系統，幾乎都有這樣的技術存在，或者說這個技術本來就是命理學的起源——用已知的訊息合理推算出整個事件或者宇宙的樣貌，幫助我們了解未知的情況，幫助我們的人生。

因此，依照這個原理，可以想見其實紫微斗數是可以不需要利用生辰去推算事情的。

在我從業的過程中，常常遇到需要快速推算的狀況，因為我懂得這個原理，所以便能夠利用技巧，在沒有對方生辰的情況下，馬上推算出對方所問的事情。尤其是剛開業的時候，當時自己一人手忙腳亂，偶爾搞錯生辰，卻一樣算得很準，讓客人信服，最後成為我的學生。

說到這，讀者們是否聯想到：為何我搞錯的是這個生辰？不是另一個生辰呢？

就像故事中說的，這對金獅子為何是這個工匠來做，而不是另外一個工匠呢？這就是宇宙中原本就安排好的訊息跟緣分，所以即使搞錯了生辰，一樣可以推算。（天機在遷移宮的我，容易搞錯細節，可能弄錯客人的生辰或是性別。但是依照命理學原理，那就是一個宇宙給出來的訊息，所以可以依照那個訊息去做合理的推算。）

實際上使用的方法，是需要在沒有意識形態的情況下，也就是說需要在「非自我意識主張」的情況下取得一張命盤，這張盤不能由自己決定，而是由上天決定。你可以用一百四十四張命盤做組合來抽籤，也可以利用當下推測論命的時間點，身邊所出現的訊息來安排那張命盤，假設問事情的當下是三點五分，可以用來自己設定數字做為天干跟地支的代表，例如一是地支子，二是丑，依此類推，三就是寅；一是天干甲，二是乙，三就是丙，所以三點五分可以當成是命盤上的命宮在地支的寅，盤上的四化是戊，這樣就可以形成一張命盤。

這張命盤代表了你所問的問題的專屬訊息包，你可以依此去推算。所以如果像我這樣常常弄錯命盤，那麼弄錯的那張命盤，其實就是上天給的訊息包，這也說明了許多人長年搞錯自己生辰，但是算命一樣會準的原因。

就像是傳說這世界上每六個陌生人，就會有一個人與自己有一定程度的連結，我們不見得要真的去認識六個陌生人，也可以從陌生人的故事中，找到屬於我們自己有所感應的部分，無論是他的心情、生活、面對的困境、解決的方法，總是會在冥冥之中好像跟我們有所雷同。

傳統上，我們習慣單純就命盤去討論一個人的人生，只用命盤或八字等技術和上頭那些單調生冷的文字，去討論一個透過複雜綿密的各種緣分所建構出來的人生，可以想見，這樣的命理討論往往不切實際，因為考慮的層面太少了。一個人該不該離婚，不只是愛不愛的問題；一個人要不要討債，不只是欠錢的問題；怎樣的小孩算是孝順？怎樣的孝順算是合理？這些問題其實都不是我們在書上看到那些被公式化的道德法則所能一概而論的，甚至這樣古老固執的法則其實才是真正讓人生痛苦的問題所在，而許多命理學的古老觀念剛好更加助紂為虐。因此我一直認為真正在學習命理，或者討論命盤時，應該要更深入的根據命主個性背景去做思考，所做的推算才能夠更加的完備。

一直以來，我呼籲著命理學不該只是死讀書，不該照本宣科（只按照生硬的命盤給予建議），這其實不只是我個人這麼認為，我所認識的許多高人前輩也是用如此的做法和心態在幫助他人。命理是一門很科學的學問，跟任何學問或者技術並無二致，只要透過一定程度的訓練就可以達到準度，跟天氣預測、漁夫預測海況、股市分析、醫生給予病患建議，其實道理都是一樣的——都會有清楚的邏輯與依據。若真要說命理師有什麼特殊之處，大概就是我們是少數可以賺錢又能幫助人走出困境的工作，但是這必須不只依賴命理學學理上的分析，還需要從個案的角度去給予他需要的支持與幫助。這是我在寫了許多命理書籍之後，起心動念寫下這本《午後命相館》的原因之一。

命理學的基本技術只是一個工具，使用這個工具的人的內心涵養跟態度立場才是真正的關鍵。命理師算得準也只是基本配備而已，我們有更多可以做的事情，以這六個故事來與所有命理愛好者、學習者跟我的學生共勉之。

紫微攻略——

午後命相館

作　　者——大耕老師
副總編輯——楊淑媚
設　　計——張巖
校　　對——林雅茹、楊淑媚
行銷企劃——謝儀方

總編輯——梁芳春
董事長——趙政岷
出版者——時報文化出版企業股份有限公司
108019 台北市和平西路三段二四〇號七樓
發行專線——（02）2306-6842
讀者服務專線——0800-231-705、（02）2304-7103
讀者服務傳真——（02）2304-6858
郵　　撥——19344724 時報文化出版公司
信　　箱——10899 臺北華江橋郵局第 99 信箱
時報悅讀網——http://www.readingtimes.com.tw
電子郵件信箱——yoho@readingtimes.com.tw
法律顧問——理律法律事務所　陳長文律師、李念祖律師
印　　刷——勁達印刷有限公司
初版一刷——2024 年 4 月 26 日
初版三刷——2024 年 6 月 13 日
定　　價——新台幣 450 元

紫微攻略．午後命相館 / 大耕老師作．-- 初版．-- 臺北市：
時報文化出版企業股份有限公司, 2024.04　面；　公分
ISBN 978-626-396-174-6（平裝）

1.CST: 紫微斗數

293.11　　113004957

時報文化出版公司成立於一九七五年，並於一九九九年股票上櫃公開發行，於二〇〇八年脫離中時集團非屬旺中，以「尊重智慧與創意的文化事業」為信念。